やさしくひも解く

ハワイ神話

森出じゅん

目次

第2章　四大神　35

第3章　その他の主要な神々　61

まえがき

本書は、私がハワイ生活29年のなかで集めてきた、古典的なハワイの神話や伝説をもとに書きあげたものです。創世記に始まり、人間らしさ溢れる神々、働き者の小人族、植物の伝説まで、蘊蓄（うんちく）を語る代わりに物語を重ねることで、ハワイの神話世界の全体像をまとめました。

いまや年間140万人以上の日本人が訪れるハワイ。ハワイについての書籍は多々ありますが、ハワイ文化に関する書籍、なかでもハワイ神話を扱う本は、学術書を除いてあまりないのが現状です。

ですが四方を海に囲まれ、自然と共存してきたハワイアンは深い精神性を持つ民族であり、ハワイには、実は日本の古事記やギリシャ神話にも匹敵する濃厚な神話が息づいているのです。

そんなハワイの豊かな神話世界を、日本のみなさんにも知っていただけたら……。ビーチや海など表面的な美しさだけではなく、もっとハワイの内面の魅力を、ディープな文化を知ってほしい。そんな思いを込め、「これを読めばハワイの神話世界がわかる！」という決定版を目指し、作成したのが本書です。ハワイ神話の入門書として、全体を9章に分け、主な神話を網羅していながらもコンパクトな1冊に仕上げました。

各章の冒頭には、章の基礎知識として簡単なリード文もついていますので、リード文を読んでから物語に進んでいただけると、それぞれの物語がぐっと理解しやすくなることと思います。またハワイに馴染みのない方にも気楽に読んでいただけるよう、昔話や民話のような噛み砕いた表現で、ハワイの神話世界を紹介しています。

この本を読んでくださったみなさんが、リゾートとしてのハワイとはまた違った神秘的な横顔を感じてくださったなら、こんなに嬉しいことはありません。この次のハワイではぜひ本書を片手に、神々に出会う旅を楽しんでみてください。神話を知って眺めるハワイは、いつものハワイとはまったく違って見えることでしょう。

第1章
この世の始まり

ハワイの創世記は一つに限らず、たとえば島々の誕生についても、「夫婦の神々がハワイの島々を生みだした」「珊瑚のかけらが島に成長した」と、いく通りもの物語が伝わっています。

民族の始まりについても同様です。「神々が赤土から人間を創った」とする物語がある一方で、「南の海からやって来た酋長がハワイアンの始祖になった」とするものもあるという具合です。

その理由として、ハワイでは文化的にも島ごとの地域性が強く、古来、各島でさまざまな物語が語られてきたという背景があります。ハワイ全域で知られる創世記についても、各王家が好んで伝えてきた創世記は、島ごとに異なっていたといわれます。

この章では、そんな数あるハワイの創世神話の中から、主なものを紹介しましょう。

パパとワケア編 ―この世の始まり―

パパとワケアの島産み

パパは母なる大地の女神、ワケアは父なる空の神。2人はこの世の創造主で、夫婦となって数々の島々を生み出したとされています。つまり2人は、日本のイザナミノミコト、イザナギノミコトにも似た存在の神々といえるでしょう。ただし途中でワケアの浮気の虫が騒いだため、2人は仲違い。元のさやに収まるまで悶着があり、ハワイ諸島は腹違いや父親違いの島々を含めた兄弟、姉妹なのだそうです。

昔々の大昔。海のはるか彼方のタヒチから、男と女の神々がハワイにやって来ました。いや、2人はタヒチではなく、もっと遠くから来たのだという人もいます(1)。

2人のうち男の神は父なる空の神ワケア。女の神はその妻で、母なる大地の神パパ(2)といいます。2人は長い旅路を経て到着した美しい海原を気に入り、ひとまずその海に落ち着くことにしました。

「ここでしばらく暮らしてみよう。家族も作ろう」

さっそく、2人は子作りも始めることになりました。

パパは間もなく身ごもり、まずハワイ島が誕生。つまりハワイで一番大きなハワイ島は、ハワイ諸島の長男、もしくは長女[3]ということになります。

出産後、パパはまたすぐに妊娠し、辛い悪阻と陣痛を乗り越えて、マウイ島、カホオラヴェ島、そしてこの2島の間に浮かぶ小さな島、モロキニ島を産み落としました。

3人の母となったところで、パパはしばらく故郷のタヒチに戻ることになりました。

ところが……。ワケアの浮気の虫が騒ぎ出し、妻のいない間にカウラという女性と楽しい時を過ごし始めたのです。その結果、カウラからラナイ島が生まれました。

ワケアの浮気はそれだけに収まりませんでした。ある時ワケアは、ぷかぷかと海を漂ってくる美しい女性を発見。それは、世にも美しい女神ヒナでした。ワケアはさっそくヒナをすくい上げ、2人は夫婦になりました。

そしてヒナは間もなく、モロカイ島を出産します。モロカイ島が古い表現で「ヒナの大モロカイ」と称されるのは、そんな理由から。つまり、「モロカイ島は女神ヒナから生まれた偉大な島だ」という意味になります。

さて、夫のワケアが美女たちと浮気を繰り返していた間、妻のパパはどうしていたのでしょうか？

実はある時、パパにワケアの浮気について告げ口をした人がいました。当然、パパは激怒！　怒りと嫉妬に燃えてハワイに戻り、仕返しのつもりか、ルアという人間の酋長と暮らし始めたのです。ほどなく、パパが産んだのがオアフ島でした。そのためオアフ島は昔、「ルアのオアフ島」と呼ばれていました。

こうして一度は仲違いし、それぞれの相手との間に島々を創ったワケアとパパ。ですが、お互いへの愛の炎は完全には消え去ることがなかったのでしょう。いつしか2人は元のさやに納まり、その後に生まれたのがカウアイ島、そしてその北上にあるニイハウ島、レフア島、カウラ島、ニホア島といった小さな島々です。

つまりハワイの島々の多くは、父なる空の神ワケアと、母なる大地の女神パパから生まれた兄弟、姉妹。ただしラナイ島とモロカイ島は腹違い、オアフ島は異父の兄弟になるのだそうです。

（1）タヒチはハワイ語でカヒキ。カヒキはハワイ語で「海の彼方の地」「遠方の地」を意味し、フランス領ポリネシアのタヒチに限らずマルケサス諸島などを指すことがあります。
（2）大地の女神パパの正式名は、パパハナウモク。ハワイ語で「島々を産むパパ」を意味し、ハワイの創造主としてのパパを表した名となっています。
（3）地質学上、ハワイ諸島でも一番新しい島がハワイ島、反対に、一番古いとされるのがカウアイ島やその北方の島々です。ところが神話上では、この世に出現した順番がちょうどその逆になっている点がユニークです。

パパとワケア編　―人類の創造―

タロイモとハワイアンの関係

サトイモの仲間であるタロイモは、ハワイアンの主食。大人のこぶしを二つ合わせたほど大きく、その葉も滋養たっぷり。特にタロイモを蒸して練りつぶしたポイは、ハワイの代表的な伝統料理です。

古来、ハワイの食生活に欠かせなかったタロイモは、ハワイの創世記を考えるうえでもそれは大切な植物なのです。なぜなら、神話上、ハワイアンの始祖とタロイモはどちらもワケアの息子であり、血を分けた兄弟とされているからです。

昔々、女神パパはたくさんの島々を産みましたが、産んだのは島々だけではありませんでした。夫のワケアとの間に、可愛い女の子も生まれています。女の子はホオホクカラニと名づけられ、やがて、輝くばかりの美しい女性に成長しました。

そんなホオホクカラニに、父であるワケアは、なんと恋心を抱くようになったからたいへんです。次第に自分の気持ちを抑えられなくなり、娘を自分のものにしようとたくらんだのです。

娘へのよこしまな恋心について神官に相談すると、神官は、とんでもない悪知恵をワケアに授けました。

「パパに、『神からのお告げで、夫婦は月に何夜か離れて過ごさなければならなくなった』と言ってごらんなさい。パパはあなたを信じるでしょう」

こうしてまんまと妻を欺いたワケアは、ついに娘と夜を共にしたのです。

最初の夜は何事もなく過ぎました。ですが2日目の夜、ワケアはうっかり寝過ごしてしまいました。神官は慌てて、ワケアの眠る娘の家の外で声高に目覚めの詠唱をしましたが、いっこうに効き目がありません。ワケアはぐっすり熟睡していたからです。

そうして太陽が高く登った頃、やっと目覚めたワケア。慌てて身体を寝具で包み、自分の家に戻っていきました。

その光景を木陰でしっかり見ていたパパは、ようやくことの次第を知り、自分が騙されていたことを悟ったのです。パパは自分の娘への嫉妬に燃え、さっさと出ていってしまいました。

それからさらなる月日が経ち、娘はワケアの子供を出産します。ところが死産だったたため、ワケアは子供の亡骸を家の東の角に埋葬することにしました。すると数日後、不思議なことにそこからタロイモの長い茎（ハワイ語で「ハロア」）と、葉が生えてきたのです。

ほどなくして娘はまた妊娠し、今度は五体満足の元気な男の子が誕生しました。ワケアは大喜びして、息子にハロアと名づけました。

ハロアはすくすく、健やかに成長して立派な酋長となり、やがてその子孫がハワイ中に散らばることとなりました。そのためハロアは、今では全ハワイアンの先祖として崇められています。

つまりハワイアンの先祖とタロイモは、血を分けた兄弟ということになります。ハワイアンが今も昔もタロイモを神聖視する背景には、そんなわけがあるのでした。

四大神編　―この世の始まり―

この世はヒョウタンから創られた

パパ＆ワケアという男女の神々に代わり、カネ、ロノ、カナロア、クーという４人の男性の神々をこの世の創造主とする神話も知られています。４人は海を漂っていたヒョウタンから、この世を創り出したのだそうです。

大昔、ハワイは闇に包まれ(1)、物音もしない静寂の世界が広がっていました。

そんなある日、どこからともなく、誰かが闇のなかを歩いてきました。それはカネと呼ばれる、立派な姿をした男の神でした。

カネは生命や日光、清水、癒し、植物などを司り、カナロア、クー、ロノという3人の神々とともに、ハワイの四大神として崇拝されています。それぞれがたいへん神格の高い神なのですが、なかでも４人のリーダーで崇高な存在がカネなのでした。

ある時、カネがふと立ち止まり近くの海に目を凝らすと、ヒョウタン(2)がぷかぷか漂

っていました。

「やあ、これは珍しい」

さっそくヒョウタンを拾い上げ、ポーンと空高く放り投げると、その上半分が空に、下半分は大地になりました。

そして一部は再び海の底へと沈んでいきました。

さらに大きな果肉の欠片は太陽に、もう一つは月になりました。ヒョウタンにぎっしり詰まっていた小さな種は空に広がって星になり、この世に広大な宇宙が出現しました。

やがてカネの元に、カナロア、クー、ロノがやって来ました。

3人はカネがヒョウタンから創造した宇宙を眺めて感嘆し、まずカナロアが呟きました。

「僕たちも手助けをしよう」

カナロアは海の神であり、海の生物や潮流、海風、航海、養殖池などを司る神でもあります。さっそく海を珊瑚やヒトデ、魚や鮫、イルカたちで満たすと満足そうに頷き、魚たちは元気に海を泳ぎまわり始めました。

カネもカナロアに倣って、地上を生き物で満たすことにしました。ゆっくり陸を這いずる虫や動物、そして素早く動くもので地上を満たし、蛾や海鳥など空を旅するものも創りあげました。

一方、戦いの神であると同時に漁業や農業、癒しも司るクーは、森を木々で埋めつくすことに。実はクーは森の守護神の１人でもあるのです。

最後に平和と豊穣の神であるロノが椰子の実やバナナ、ウルの実（パンノキの実）、砂糖きび、サツマイモなど、食物となる果実や植物を次々と創造し、この世が完成しました。

（１）神々はヒョウタンではなく椰子の実でこの世を創った、という言い伝えもあります。
（２）物語の冒頭に登場する混沌とした闇の世界、暗黒を、ハワイ語では「ポー（ＰＯ）」と呼びます。神の領域であるポーをあの世と表現する人もいる一方、普通の闇や夜もまたポーと呼ばれます。

四大神編　―人類の創造―

この世で最初のハワイアン

四大神はこの世を創造した後、赤土から人間を創りだしたとの物語が残っています。この神話によると、オアフ島東部のモカプ半島がハワイアン発祥の地なのだそうです。

この世が完成すると4人の神々はあちこち旅して回り、やがてオアフ島にやって来ました。ほかの土地に比べオアフ島は緑が豊かで、木には果実がたわわに実っています。また、海には魚が元気に跳びはねていました。

その様子を見たカネが、感嘆して言いました。

「ここには食べ物がたっぷりあるし、カヌー造りにピッタリの木もたくさんだ。ここで人間を創って、酋長として地上を支配させてはどうだろう？」

ほかの神々も口々に同意し、まずカナロアが、ある山際の赤土で人型を作りました。土人形には頭や胴体、手、足があり、神々によく似た姿に整えられていました。

「起きよ！」

さっそくカナロアが土人形に呼びかけましたが、返事がありません。

「起きよ！　起きよ！」

カナロアの命令もむなしく、土人形は横たわったまま、石になってしまったのです。

今度はカネが、同じように土人形を作ってみました。姿のいい土人形ができあがると、土人形に呼びかける前に、ほかの神々に応援を頼みました。

「おまえたちにも手伝ってほしい。私が土人形に話しかけたら、それを繰り返してくれないか」

そのうえで、カネはよく響く声で土人形に命じました。

「起きよ！」「生きよ！」

ほかの3人も、朗々とした声でそれに続きました。

「起きよ！」「生きよ！」

「起きよ！」「生きよ！」

4人が何度も何度も繰り返すと、土人形はまるで眠りから覚めたかのようにうーんと伸びをし、もぞもぞと動き始めるではありませんか。ついには膝をついてむくむくと起き上がり、この世で最初のハワイアン（1）が誕生しました。

神々は男にクムホヌアと名づけ、コウの木で居心地のよい小屋を建ててやりました。

「これで男に必要なものは、すべて整ったな」

カネ、ロノ、カナロア、クーの4人は満足そうに呟くと、空の彼方の神の国へと戻っていきました(2)。

ちなみに神々が人間を創った地は、オアフ島東海岸のカネオヘ湾に伸びるモカプ半島(3)です。モカプ半島のモロラニの丘からは良質の赤土が採れ、その赤土から、この世初のハワイアンが創られたのだそうです。

(1) よく似た神話として、タヒチには「神々は砂からこの世で初めての女性を創った」という話が伝わっています。
(2) 初のハワイアンが誕生した後、引き続き、4人の神々が男性の肋骨から女性を創ったとの話も存在します。ただし旧約聖書のアダムとイブの物語にあまりに似通っているため、その部分については、近年、キリスト教の影響を受けて創作されたのではないかとする意見が主流です。
(3) 神話の舞台であるモカプ半島は今、アメリカ海兵隊の基地になっており、一般人は進入禁止。ハワイアンにとっての聖地が軍事基地になるという、なんとも皮肉な結果となっています。

【コラム】ハワイロアの伝説

ハワイアンの始祖の物語としてはほかに、ハワイロアの伝説があります。ハワイロアと兄弟たちは南方の島から北上し、兄弟はそれぞれタヒチやマルケサス諸島の始祖になりました。ハワイロアは兄弟と別れて旅を続け、ハワイに到着。ハワイロアが到着した時、ハワイには二つの島しかなかったとか。ハワイロアは最初に発見した島に自分の名前をつけ、島はハワイ島と呼ばれるようになりました。次いで見つけた島には長男の名をつけ、島はマウイ島と呼ばれるようになりました。

ハワイ島とマウイ島にはいくつもの火山があり、伝説によれば、それらの火山の噴火活動によって、ほかの多くの島々が海底から出現したのだそうです。

ハワイロアはそれらの島々にも名をつけ、オアフ島は娘の名、カウアイ島は次男の名とか。ニホア島やレフア島などほかの小さな島々には、一緒に旅した家来の名前をつけたとされています。

半神マウイ編　―この世の始まり―

半神マウイ、島々を釣りあげる

海原に散らばる島々は神の創造物ではなく、海の底から釣りあげられたもの――。ハワイには、そんな物語も残っています。その一つとして、人間思いの半神半人マウイ(1)を主人公にした、次のような話が知られています。

大昔のことです。半神マウイは釣りが大好きで、兄弟とよく釣りに出かけていました。マウイは5人兄弟の末っ子。その母は美しい月の女神ヒナ、父親は人間だったので、マウイ兄弟は純然たる神ではなく、半神半人として知られています。

マウイは兄たちと釣りに出かけるのが大好きなのですが、実は兄たちは、マウイと釣りに行くのを嫌がっていました。マウイはあまり釣りが上手ではなかったからです。

「おまえと行くと、魚が逃げるからな」

マウイは兄たちのそんな言葉に傷つき、ある日、母から助言を受けて、あの世のご先祖に会いに行くことにしました。そして先祖の助けで、ついに魔法の釣り針を手に入れたマウイ。それはマナイアカラニ(2)と呼ばれる大きな釣り針で、どんな獲物も釣りあげる、夢のような釣り針でした。

そんな魔法の釣り針を手にしたマウイは、有頂天になって兄たちに宣言しました。

「さあ、みんなで釣りに行こう！　大丈夫、今日は絶対に大漁だ」

兄たちは半信半疑でしたが、とにかくマウイと一緒にカヌーに乗り込むことにしました。

やがて、自分たちの島が豆粒のように小さくなった頃。マウイが海に釣り糸を垂らしたとたん、ガン！　と大きな手応えがありました。マウイの言葉に嘘はなかったのです。

しかも魚はずいぶん大きいようです。マウイが釣り糸を引っぱっても引っぱっても、魚をカヌーに引き寄せることができません。

「大きな魚が引っかかったぞ。もっと早くカヌーを漕いでくれ！」

その時、マウイが兄たちに念押ししたことが一つありました。

「獲物が姿を現しても、僕がしっかりたぐり寄せるまで絶対に後ろを振り返らないでくれ。釣り針の魔法が解けてしまうから」

そうしてさらに釣り糸を引っぱり続けると、なんとそれは、大きな大きな陸地だったのです！　魔法の釣り針は海の海底に引っかかり、海底を丸ごと引きあげてしまったのでした。

ところがその時、兄の1人が獲物を見ようと振り返ったからたいへん。とたんに釣り針の魔法が解け、大きな大陸はバシャーン！　と海に落ちて粉々に砕けてしまいました。その大陸のかけらこそが、今、ハワイ諸島として知られる美しい島々なのです。

もしもその時、マウイの兄が振り返らなかったら。獲物を海に落とさなかったら……。今頃ハワイは、大きな大陸として存在していたことでしょう。

（1）半神マウイにちなんだ神話は、ハワイに限らずタヒチやサモア、ニュージーランドなど、ポリネシア文化圏の島々に広く伝わっています（ポリネシア文化圏とは、ハワイ、ニュージーランド、イースター島に囲まれた太平洋上の文化圏のこと）。ニュージーランドでもマウイ信仰は色濃く、先住民族マオリ族の言葉で、ニュージーランドの北島は「マウイの魚」、南島は「マウイのカヌー」と呼ばれます。

（2）ディズニー映画「モアナと伝説の海」には、半神マウイが主要キャラクターの1人として登場します。劇中、マウイが持ち歩いている大きなフックが、魔法の釣り針マナイアカラニ。映画でもマウイの神通力の象徴として、描かれています。

偉大な漁師、カプヘエウアヌイの伝説

カプヘエウアヌイ編　―この世と人類の始まり―

二つめの島釣りの物語として、偉大な漁師カプヘエウアヌイにちなんだ神話があります。カプヘエウアヌイの釣ったほんの小さな珊瑚のかけらが、神官の神通力で、島々や人に成長したのだそうです。

昔々、カプヘエウアヌイという漁師がのんびり釣りを楽しんでいました。間もなく手ごたえがあったので、釣り糸をたぐり寄せると、引っかかったのはちっぽけな珊瑚のかけらでした。

「なんだ、ただの珊瑚か。今日の最初の獲物かと思ったよ」

がっかりしたカプヘエウアヌイがそのまま珊瑚を海に投げ返そうとしたところ、後ろから声がしました。

「漁師よ、ちょっと待ちなさい」

それはたまたまカヌーで通りかかった、神官のラウリアラマクアでした。

「それはただの珊瑚ではない。特別な珊瑚なのだ。打ち捨ててはいけないよ」

そしてカプヘエウアヌイに、豚を探しに陸に戻るよう命じました。大昔のハワイで豚は価値ある食糧で、たびたび供物として神に捧げられていたのです。

「まず豚を捧げて神を喜ばせたあと、神に祈りなさい。その後、珊瑚にハワイロアと名づけて、海に還すのだ。珊瑚は島になるだろう」

カプヘエウアヌイは、神官の言葉に従うことにしました。山で捕らえた豚を神官に教わった祈祷を唱えながら神に捧げ、珊瑚を海に戻すと家路に着きました。

そして翌朝、カプヘエウアヌイが海に戻ってみると……あら不思議！　珊瑚を戻したあたりの海域に、大きな島が出現しているではありませんか！　それは、今ではハワイ諸島でも一番大きな島として知られているハワイ島でした。神官の予言通り、小さな珊瑚が一夜で島に成長したのです。

カプヘエウアヌイはその朝もいつも通り、海に釣り糸を垂らし、またも珊瑚を釣り上げました。

「これも捨てない方がいいのだろう」

昨日の出来事を思い出しながら、信心深いカプヘエウアヌイは、珊瑚のかけらを神官の家に届けることにしました。すると案の定、神官が言いました。

「この珊瑚は人間の酋長になるだろう。珊瑚にマウイロアと名づけ、海に戻しなさい」

断言する神官の言葉に従い、カプへエウアヌイは昨日と同じ儀式を繰り返し、珊瑚を海に還したのでした。

その後も海に出かけるたび、珊瑚を釣り上げたカプへエウアヌイ。毎日、珊瑚を神官に届け、同じ儀式を繰り返す日々でした。

こうして、カプへエウアヌイが釣り上げて海に戻した珊瑚のうち、あるものは大きな島に、あるかけらは人間の酋長になり、その子孫がハワイ中に広がっていったとか。

つまりハワイの無数の島々やハワイアンの先祖は、もともと海底の珊瑚から出現したものなのだそうです。

【コラム】

創世記、クムリポ

私たちが今、ハワイ神話を学ぶ源となっている古代の叙事詩に「クムリポ」があります。クムリポはハワイ語で「闇夜からの始まり」を意味し、そもそもは1700年頃にハワイ島で生まれたロノイカマカヒキ王子の血統を讃えるため、創られたものです。昔は各王家に系譜を継承する専門職がおり、彼らは系譜を叙事詩に仕立てて記憶・詠唱することで、次世代に伝えていったのです。

というのも昔のハワイでは文字が使われず、神話や歴史などあらゆる情報が、口承で伝えられていました。クムリポは2000行以上もある長い叙事詩ですが、やはり代々、口頭伝承されてきたのです。

さてロノイカマカヒキ王子の血統を讃えるために創られたクムリポですが、その物語は王子の先祖の生誕をはるかに遡り、まだ地球がどろどろとして熱く、暗闇しかなかったこの世の始まりからスタートしています。

そこに珊瑚が生まれ出てヒトデやナマコが続き、やがて海の生物、陸の生物が出現しました。さらに後半になると神々が現れ、王子の先祖となる王族へと連なるという、何とも壮大な叙事詩となっています。

しかもユニークなのは、王子の先祖代々の名の列記の合間に、多彩な神話がちらちらと挟まれていることです。

たとえば前述の、タロイモとハワイアンの始祖は兄弟であるという物語や、父なる空の神ワケアが海を漂っていた女神ヒナを見つけるくだりも、クムリポで語られています。クムリポが王族の系譜を示す叙事詩というより、むしろハワイの創世記、神話の宝庫として知られるようになった由縁でしょう。

ちなみにロノイカマカヒキ王子は、ハワイ王国7人目の君主カラカウア王や、妹で跡継ぎだったリリウオカラニ女王の直系先祖にあたります。19世紀終盤、カラカウア王は一族に伝わってきたクムリポを（口承での記録から）ハワイ語に書き起こすよう命じ、後年、リリウオカラニ女王が英訳しました。その結果、クムリポが世に広まることになったというわけです。

第2章 四大神

4000もの神々がいるとも、4万の神々がいるともいわれるハワイ。なかでも創世神話でも活躍したカネ、カナロア、クー、ロノの4人の神々は、四大神として仰がれ、生命や癒し、日光、水、植物、海、森、平和、農業、雨など、この世の大切な事象を司るとされています。

この4人はタヒチやサモアなどポリネシアの島々共通の神々であり、カネがタネ、ロノがオロなど、少しづつ名前を変えながら、ハワイ外の島々でも広く崇拝されています。ハワイではカネが4人のリーダー的な存在として君臨する一方で、ほかの島々ではカナロアが最高位にあったりと、その序列が異なるのもユニークです。

4人にまつわる神話は実に多く、各地に四大神にちなんだ物語が残っています。

カネの石焼き釜

四大神のなかでもリーダー的存在のカネは、生命や癒しや清水など、人間にとって重要な領域を支配しています。大昔のハワイでは各家に「カネの石」と呼ばれる祭壇があり、人々が日々、神々や先祖に祈りを捧げていました。ちょうど日本でいう仏壇や神棚と、同じ役割を担っていたのです。

言い伝えによれば、カネは「カネフナモク（隠されたカネの島）」と呼ばれる神の島に住んでいるとか。カネフナモクは労働の苦しみも死もない天国で、そこには「カネの生命の水」という、不老不死の泉までありました。

そんなパワフルな神であるカネが、あるハワイ島の村を飢餓から救ったという、次のような伝説があります。

ハワイ島西部のコハラ沿岸にあるカウプレフの村は、その昔、深刻な水不足に陥っていました。その海辺の村には、ずいぶんと長い間、雨が降らなかったのです。大地はカラカラに乾き、タロイモもサツマイモもみな、枯れ果ててしまいました。

ついに最後のタロイモを食べてしまった村人たちは、大きなシダの根を食べることにしました。それが尽きると小さなシダの根を食べ、それも掘りつくしてしまった村人たち。最後にはすさまじい臭いと苦みを持つノニの実まで食べ尽くし、人々は弱りきっていました。

「このままでは村が全滅してしまうわ」

その様子を見ながら、村を治める王女は涙を流しました。

「もう神の力を頼るしか、村が助かる道はないでしょう」

さっそく神官に相談すると、神官は王女に告げました。

「王女よ、どうぞ過去を振り返り、自分の功罪を考えてごらんください。過去の過ちを神に謝罪し、罪を償うことでしか、村人は救えないでしょう」

古代ハワイでは、病気や災いはすべて神の怒りを買った結果だと信じられていました。自分が悪いことをしたという意識がなくても、過去を振りかえって神に許しを請うことで、災いが取り除かれる。そう信じられていたのです。

そこで王女は身を清め、神官に教わった祈りを神に捧げることにしました。

「カネよ、生命の水を操る神よ！　命を司る神よ。どうか私たちに長く素晴らしい人生を与えてください。大地をまた、命を支えるたわわな果実で満たしてください」

祈りを捧げながら王女が10日間の断食を終え、禊を済ませた翌日のこと。見知らぬ男が村に現れました。男をひと目見た王女は、それがすぐに誰だかわかったのです。

「あれは神のカネよ！　祈りが通じたに違いないわ」

王女の勘は当たっていました。見知らぬ男は天界から村を救いにやってきた、カネだったのです。

カネは王女に向きあい、宣言しました。

「ずいぶん困っているようだね。おまえの祈りを聞いてやって来たのだよ」

カネがさっそく村の男たちに薪を集めるよう命じると、長らく食べ物もなく弱りきっていた男たちがすぐ山のような薪を集めてきたので、王女はびっくりしました。きっと命を司る神が、男たちに力を与えてくれたに違いありません。

準備が整ったところで、カネがまた男たちに命じます。

「火をどんどん焚いて、イムを作ってくれないか」

イムとは、昔のハワイで使われていた地中の石焼きの窯のこと。かつてハワイアンは焼いた石を穴の底に敷きつめて食べ物を置き、草や葉で覆ったうえで土をかぶせ、食べ物を蒸し焼きにしたものでした。

男たちはてきぱきと働き、あっという間にイムが完成しました。すると、カネはとんでもないことを言いだしたのです。

「これから私はイムに入る。私の身体が見えなくなるまで葉と土で覆っておくれ」

しかし神といえども、イムに入ればカネは焼け死んでしまいます！　何ということを言いだすのでしょう。さっさとイムの底に横たわるカネを前に、村人たちはどうしていいのかわかりませんでした。

「言われた通りにせよ」

ですがそう繰り返すカネに気おされ、恐る恐るカネの身体を葉と土で覆い始めた村人たち。すっかりカネの身体が隠れ、村人たちが不安な面持ちでしばらくイムを囲んでいると……。海の方から「お～い」と声がします。見ると、いつの間にかカネが海辺に立っているではありませんか！

「できあがったよ。草をのけてごらん」

不思議に思った村人がイムを覗くと、なんとそこには、タロイモやサツマイモ、ウル（パンノキの実）、魚など、食べきれないほどのご馳走が焼きあがっていました。村人と王女はお腹が苦しくなるまで食べ、残りは各家に持って帰ることになりました。

こうして生命を司るカネは、王女の祈りに応え、飢えた村人たちを救ってくれたのでした。カネの出現以降、村人が飢えることは、ついぞなかったということです。

なおイムから消えたカネが出現した海沿いの場所にはその後、小さな泉が湧き出し、「カネの泉」と呼ばれるようになりました。そして泉周辺の土地はカウプレフ（神が焙られた釜）と名づけられ、今に至っています。

カネとカナロアの水探し

海の神(1)として、潮流や海風、海の生物、遠洋航海などを司るカナロア。航海中のハワイアンは昔、加護を求めてカナロアに祈りを捧げたものでした。

四方を海に囲まれたハワイですから、海の神の存在感は絶大かと思えば、神話のうえでカナロアの影はかなり薄い(2)のです。カナロアだけを主人公とする物語は見あたらず、いつも、仲良しとされるカネとの２人組で物語に登場します。２人は水探しが得意で、水源を探す旅の物語が、各島で知られています。


昔々のこと。カネとカナロアは、今日も水を探しながらオアフ島を旅していました。２人はお隣のカウアイ島から、オアフ島に渡ってきたばかり。カウアイ島は２人にとって愉快な島ではありませんでした。ふだんは人間の姿で旅をしているせいでしょう。カウアイ島の人々は２人に注意を払わず、祈りも供物もあまり捧げてはくれませんでした。

そのためカウアイ島巡りはほどほどで切り上げ、さっさとオアフ島に移ってきたカネとカナロア。なのでカウアイ島には、清水の湧き出る泉(3)がとても少ないそうです。

さて、オアフ島のホノルル西部には、カリヒという土地があります。カリヒには良質のアヴァが育つので、2人はアヴァ酒(4)をたっぷり楽しもうと、はるばるカリヒにやってきたのでした。

アヴァ酒とは、コショウ科の植物であるアヴァの木の根を粉末状に砕き、水と混ぜて作る飲み物です。ハワイの神々の大好物でもあります。つまりギリシャの神々が好んだネクターのハワイ版が、アヴァ酒といえるでしょう。ご多分にもれず、カネとカナロアもアヴァ酒が大好物でした。

2人はカリヒでさっそく見事なアヴァの根を見つけだしたのですが、肝心の水が手に入りません。アヴァの根は苦く、水と混ぜなければとても口にできないのです。

思わず、カナロアがぼやきました。

「せっかく立派なアヴァがあるのに水がないよ」

そんなカナロアに、カネが断言しました。

「大丈夫！　水はあるから」

さっそく太い棒を手にして歩き回り、ガンガンと土を掘り始めます。カリヒの地表下には溶岩でできた岩盤が広がっていますが、カネはついに溶岩を砕いて穴をあけることに

成功！　穴から、清らかな水が勢いよく吹き出してきました。

カネとカナロアは喜んでアヴァ酒を作り、たっぷり飲んで大満足。幸せな気分で、しばしの昼寝を楽しみました。

今でもこの泉はカリヒ渓谷の奥にあり、カプカヴァイオカリヒ（カリヒの水穴）として知られています。

さて昼寝から目覚めたカネとカナロアは、また旅を続けることにしました。カリヒからヌウアヌに抜け、ヌウアヌ渓谷を越えて美しいマノア渓谷にやって来た２人。ここでもアヴァの根をたくさん見つけたのですが、またも水がありません。

「ここのアヴァは、どの土地のものよりも素晴らしいな。でも水がない」

嘆くカナロアに、「水ならこの丘の斜面にあるよ」とカネ。

さっそくカネが杖で丘の斜面を叩くと！　あっという間に岩盤が割れ、冷たい水がこんこんと湧き出てくるではありませんか。

カネとカナロアはさっそくアヴァ酒を作って飲み、ほろ酔い気分になりました。先を急ぐ旅でもありませんから、2人は飲みに飲んですっかり酔っ払い、泉の横でのんびり昼寝も楽しんでいったそうです。

このマノアの泉はカヴァイアケアクア（神の水）として知られ、その後、多くの住民や旅人の喉を潤すことになりました。

カネとカナロアはこうしてハワイ中で泉を掘り、アヴァ酒を楽しんだということです。

（1）研究者のなかには、カナロアを冥界を司る神、ミルと同一視する人もいます。
（2）ほかのポリネシア文化圏の島々では、サモアやタヒチなど、海の神カナロアを四大神の筆頭としている島もあります（ほかの島でカナロアはタアロア、タンガロアなど、少しづつ異なった名前で呼ばれています）。ハワイでカナロアの存在感が薄れた背景として、12世紀に遠洋航海の時代が終わったとされるため、海の神の重要性が薄れた、との説も。12世紀頃まで続いていたタヒチ－ハワイ間の航海がなぜ終了したかについては、わかっていません。
（3）カウアイ島で神々が掘った数少ない泉の一つに、島北部のハエナのワイカナロアの泉があります。洞窟のなかに湧き出す美しい泉は、カナロアが掘ったものとか。ワイはハワイ語で水を意味しています。
（4）アヴァ酒にはアルコール分はありませんが、沈静効果があります。昔のハワイでは祭壇や神殿にアヴァ酒が供えられ、御神酒のような役割を果たしていました。

カネとカナロアの養殖池

カネとカナロアは、海の近くに造られる養殖池（1）をも司っています。オアフ島の真珠湾には、かつて、カネとカナロアが造ったという大きく立派な養殖池があったことが知られています。

カネとカナロアがカネフナモク（カネの隠された島）と呼ばれる神の島に住んでいた時の話です。ハワイではこうした神の暮らす島が12ほどあり、ふだんは宙に浮かんでいますが、人間の目からは隠されています。宙に浮かぶ島なので、あちこち動き回ることもできるそうです。

この日もカネとカナロアは、カネフナモクから人間界を見下ろしていました。カネフナモクはかなりオアフ島に近づいていたので、真珠湾周辺の美しい海がよく見え、２人は陸地に降りて一帯を散歩することにしました。

真珠湾のあるこのエヴァ地区はいつも暑く、土地も乾ききっています。

「なんだか喉が渇いたなあ。アヴァが飲みたいよ」

カナロアが呟きました。カネが辺りを見渡しましたが、そこにあるのは、ただ乾いた土地と海だけのようです。

「まずは水を探そう」

カネがさっそく杖で土を叩いてみると、すぐに豊かな水が噴き出しました。美味しそうなアヴァの根も見つかり、2人はアヴァ酒を飲んで大満足し、さらに海沿いを歩いていきました。

そのうち2人は、海際で小さなカヌーを見つけました。カヌーはよく使いこまれていて、持ち主が働き者であることがわかります。

「ちょっと家の方を覗いてみようか」

興味を持ったカネとカナロアがカヌー横の家に近づくと、ちょうど男が祈祷をあげている最中でした。男は、こんなことを言っています。

「まだ見ぬ神よ。ここにアヴァ酒があります。魚もポイもあります。どうぞ私の供物をお楽しみください。明日の漁にも神のご加護がありますように」

男は祈祷を終えるとふと窓の外に目をやり、そこに立っているカネとカナロアに気づきました。

「やあ、いらっしゃい！　うちでご馳走を食べていきませんか？　僕はハナカヒっていいます」

２人が神だとは知らず、カネとカナロアを家に招き入れたハナカヒ。そう、ハナカヒは実に親切で善良な男だったのです。その言葉に甘え、アヴァ酒やポイ、魚を楽しんだカネとカナロアは、やがて厳かに男に告げました。

「ハナカヒよ。私たちはカネとカナロアだ。おまえの祈祷を家の外で聞いて感激したよ。これからは『まだ見ぬ神』ではなく、私たちのために祈ってくれないかな」

２人が神だと知って慌てるハナカヒに、「また明朝戻ってくるから」と言い残し、２人は雲に乗ってカネフナモクに帰っていきました。

その道々のことです。２人は素晴らしいアイディアを思いつきました。

「ハナカヒはよい男だな」

「うん、よい男だ。一日中働いて疲れているだろうに、家に帰ればちゃんと神にアヴァ酒を作って魚も供える」

「そうだ！　ハナカヒに養殖池を造ってやろうじゃないか」

「それはいい考えだな。家のそばに養殖池を造り、美味しい魚で満たしてやろう」

翌朝、カネとカナロアは海辺に立派な養殖池を造り、ハナカヒを案内しました。そして驚いて言葉も出ないハナカヒに、優しく告げたのです。

「ハナカヒよ、おまえは善人だ。働き者だ。この養殖池はおまえのために造ったんだよ。おまえも家族も、好きなだけここの魚を食べなさい」

やがてカネとカナロアはカネフナモクに帰り、次の地方へと移っていきましたが、ハナカヒと家族は養殖池のそばで、末永く豊かに暮らしたということです。

ちなみに真珠湾の近くには昔、30前後の養殖池があったものの、今ではすっかり埋め立てられています。ハナカヒの養殖池も同様ですが、ハナカヒという名は、今も真珠湾近くの地名や通り名として残されています。

（1） 太平洋の島々のなかでも、特にハワイでは養殖池の活用が盛んでした。海の一部を石垣で囲んで造られた養殖池には、板をゆるく連ねた小さな門がつけられています。満ち潮の際に板の隙間から入って来る稚魚は、池で大きく育った後、板の隙間から出られなくなるという自然の摂理を利用した養殖池は、かつて海岸沿いにたくさん存在していました。

【コラム】ハワイ神話上のオリンポス

日本神話の高天原やギリシャ神話のオリンポスと同様に、ハワイ神話にもたびたび、ハワイ版天国が登場します。しかもハワイでは、「カネとカナロアの養殖池」に出てきたカネフナモクのように、神々の住まう天界が宙に浮かぶ島々とされている点が特徴的です。「神々に隠された島」「失われた島」「転がる島」「輝ける天国」「緑の崖」など、12の聖なる島々があるとされます。

聖なる島々はふだん空中に浮かび、神々の意思によって自由自在に移動が可能だとか。時には海中に沈んでいたり、ハワイの陸地近くに寄ってきたり、人々の頭上を通過することもあるそうです。

宙に浮かぶ島々は人の目には映りませんが、夜明けや夕暮れ時など、水平線の彼方にうっすら見えることもあると言われています。とはいえあまりに神聖なので、長い間凝視したり、指差したりするのはタブー中のタブーなのです。

ちなみに、前項の神話に描かれていた2人の神、カネとカナロアの一族が暮らすカネフ

ナモク（隠されたカネの島）には、「カネと石焼き釜」に登場した不老不死の泉、カネの生命の水もあるとされています。

カネフナモクについては、ハワイ文化の大御所、故メリー・カヴェナ・プクイが子供時代に祖母から聞いた話として、次のように紹介しています。

「カネフナモクが頭上を通過する時には、ニワトリや豚の鳴き声が聞こえたり、チラチラする光、風にたなびく砂糖きび、島を動き回る人が見える」（マーサ・ベックウィズ著「ハワイアン・ミソロジーより」）

カネフナモクは1人の老女によって護られており、老女は島に足を踏み入れようとする人を撃退するため、武器を手にしているそうです。

なお聖なる島々の名は神話の世界を飛び出して、ハワイの地名になっているものもあります。たとえばパリウリ（ハワイ語で「緑の崖」）という天国の名がよい例でしょう。ハワイ島やマウイ島、ニイハウ島、オアフ島などに、パリウリという地名が実在します。

ロノとマカヒキ祭り

ロノはハワイの数多の神々のなかでも豊穣や農業、雨、平和など、人間界に大切なさまざまな分野を司る神です。戦いの神の神殿と違って、平和の神であるロノの神殿では、人身御供が捧げられることもありませんでした。

古代ハワイでは毎年10月または11月から翌年2月まで、ロノを祀るマカヒキという祭りが催されていました。秋の収穫祭と似た大きな祭典で、マカヒキの期間中、戦いや労働はタブー。人々はふだん食べない特別なご馳走を楽しみ、ゲームやスポーツに興じて平和な時を過ごしたのでした。

このマカヒキ祭りが始まった理由として、少しせつないロノの神話が伝わっています。

昔々、天界に住んでいたロノは、２人の弟に自分の妻となる女性を探してくれるよう頼みました。二つ返事で引き受けた弟たちは、張りきって出発。

「さあ、兄さんにふさわしい美女を探しに行こう！」

2人はハワイの島々を端から端まで探して歩き、ついにハワイ島北部のワイピオ渓谷で、絶世の美女を発見します。美女の名はカイキラニといい、名高いヒイラヴェの滝の横に広がるウルの木の森で、小鳥たちを相手に静かに暮らしていました。

弟たちから吉報を受け取ったロノは、大喜び。さっそく天界から虹の橋を渡ってワイピオ渓谷に降りたつと、カイキラニに結婚を申し入れました。

天界から降りて来た神に見染められ、最初はたいそう戸惑いましたが、カイキラニもまた長身でハンサムなロノをひと目見るなり、恋に落ちてしまいました。すぐに結婚の申し出を受け入れ、女神に昇格して、ロノと幸せに暮らし始めたのです。女神になった後のカイキラニは、カイキラニアリイオプナとの名で知られるようになりました。

2人はやがてハワイ島を南下し、美しいケアラケクア湾の畔に落ち着くことに。毎日サーフィンに興じて幸福な日々を過ごしていました。

ところが、近隣の酋長が美しいカイキラニアリイオプナに横恋慕。それは一方的な邪恋で、カイキラニアリイオプナの心が常にロノのもとにあったのは言うまでもありません。それにも関わらず、妻の浮気を疑ったロノは、なんとカイキラニアリイオプナを打ち殺してしまったのです。

死の直前、カイキラニアリイオプナは無実を訴え、ロノに伝えました。

「ロノ、あなたを愛しています。私が愛したのは生涯、あなただけ。それだけは信じてね」

その言葉を聞いて愕然としたロノは自分の愚かな行為を心から悔い、妻を記念した祭りを創設しました。後にその祭典は、マカヒキの祭りとして知られるようになりました。

マカヒキ祭りの最中、ロノはハワイ島中を巡りながら、あらゆるスポーツで各地の腕自慢、力自慢に挑戦し続けました。罪のない妻に手をかけた後悔が、ロノを地獄の苦しみで蝕んでいたのかもしれません。

そして祭りが終わると、ロノはこれまで誰も見たことがない風変わりなカヌーを建造しました。それは大きな白い帆をつけた、巨大なカヌーでした。大勢の男たちがカヌーを水際まで運ぶと、ロノは男たちに告げたのです。

「私はしばらく旅に出る。でも、いつか必ず戻ってくるよ。このケアラケクア湾に帰ってくると、みなに伝えておくれ」

そう言うとロノは出立し、巨大なカヌーはぐんぐん沖に出、やがて見えなくなりました。その後、島の人々はロノの帰還を待ち続けましたが、再びその姿を見ることはなかったということです。

ちなみにケアラケクアは、ハワイ語で「神の道」という意味になります。その湾の畔には、今もロノを祀る神殿がたたずんでいます。

【コラム】

ロノとイギリスのクック船長の関係

ジェームズ・クックといえば、ハワイ諸島を発見したイギリスの航海家。クック船長の率いる2隻の帆船がハワイ島にやって来たのは、1778年1月のことでした。

なにせハワイの人々が西洋人を目にするのは、その時が初めて。得体の知れない大きな船に乗るイギリス人たちを、ハワイアンたちはどう見たのでしょうか。恐ろしい侵入者として、敵視したのでしょうか？　それとも恐れたのでしょうか。

……実はそのどちらでもなく、驚いたことにハワイアンはクック船長一行を、島をあげて大歓迎したのです。一行が岸に着くと首長一族と神官が丁重に出迎え、山のようなご馳走でもてなしたとか。まるで生き神か何かのように、クックをうやうやしく扱ったのでした。

それもそのはず。ハワイアンは実際にクックを、平和と豊穣の神ロノの再来と勘違いしてしまったのです。その裏には、恐ろしいほどの偶然がいくつも重なっていました。

まず、クックの帆船が到着したのがケアラケクア湾だったこと。ロノがハワイ島を去った際、「いつかケアラケクア湾から戻ってくる」と約束したことは、前述の通りです。しかもクック船長が到着した時、おりしもロノを祀るマカヒキ祭りの真っ最中でした。

さらにマカヒキで使われるロノの象徴の旗印が、白いカパ（ワウケの木から作られる布状のもの）だったことも関係しています。クックの帆船が近づいてきた時、人々は帆船の白いマストがロノの旗印に見えたのです。伝説上、ロノは白い肌をしているとされることもあって、人々はクックの到来を「ロノが帰って来た！」と信じて疑わなかったのでした。

それでも、最上のもてなしを受けたクックがハワイをすみやかに後にしていたら、その後の「事件」は起こらなかったでしょう。クックの船は一度出航したものの嵐にあって破損し、再びハワイ島へ。「神の船であるのなら壊れるはずがない」。そんな強い疑念を抱いたハワイアンは、手の平を返したような冷たい態度で一行を迎えたのです。

最終的に、ハワイアンがクックの船からボートを盗んだ事件をきっかけに、争いが勃発し、怒れるハワイアンによってクックの命が奪われるという不幸な結果となりました。

ちなみに後年、人々が事件の下地として指摘したのは、クックはハワイアンが自分を神と誤解していることを知り、それを利用したということです。最初から神としてのもてなしを享受していなければ、クックが非業の死を遂げることもまたなかったでしょう。

村人を救ったクーの木

四大神はそれぞれがいくつもの分野を司り、さまざまな一面を持っていますが、なかでも複雑な多面性を持つ神がクー。クーは一般に戦いの神として知られ、（戦いの神としての）クーを祀る神殿では、多くの生贄が捧げられました。

カメハメハ大王が崇拝していた戦いの神はクーカイリモクといい、カメハメハが戦場に赴く時は必ず、神官がその神像を掲げてつき添ったそうです。神像は戦場で雄叫びをあげ、その声は戦場に響き渡ったという、恐ろしい言い伝えも残っています。

その反面、クーは漁業、農業、森、癒しの神としての側面も持ち、古代、人々は種蒔き前や薬草を摘む際、クーに祈りを捧げたものでした。つまりクーは、ポジティブにもネガティブにも、命に強く関わる神といえます。また次の物語には、慈愛に満ちた家庭人としてのクーの姿が描かれています。

はるか昔のことです。クーが雷鳴を伴って、天界からハワイに降りて来ました。激しい雷鳴は一帯の空気をビリビリと震わせ、人々は何か尋常ではないことが起きていることに気づきましたが、まさかそれが神の到来の印とは、思いもよりませんでした。そのためクーが人間の姿で村に入っていった時、それが神だと気づく者は１人もいなかったのです。

クーは翌日から農園の手伝いを始め、すぐに村に溶けこんでいきました。身体が大きく力も強かったクーはたいへんな働き者でもあったので、ほどなく村人の尊敬を勝ち取り、やがて村の娘と結婚。子供もたくさん生まれ、平和な生活が続きました。

ところがある年、村を恐ろしい飢餓が襲いました。その年は雨がほとんど降らなかったので、タロイモも育たなければバナナも実りません。悪いことは重なるもので、しばらく暴風続きだったため、漁に出ることもできませんでした。

そんななか、人間として暮らすクーは神通力を使うこともできず、ただ幼い子供たちがお腹を空かしているのを辛い気持ちで見守る日々でした。

ですが、悩みに悩んだクーはついに決断したのです。

「私は家族や村人をこのまま見殺しにすることはできない。神として救わなければならないのだ」

神としての自分に戻ろうと決めたクーは、ある朝、妻に「村を飢餓から救うよい方法を知っている」と告げることにしました。

「落ち着いて聞いておくれ。実は私は人間ではない。神なのだ」

夫の告白を聞き、驚いて目を見張る妻に、クーは語り続けました。

「私は神通力を使うことができる。子供たちやおまえに、お腹いっぱい食べさせてやることができるのだ。ただそのためには、私は遠くに行かなければならない。二度と村に戻ってくることができないのだよ」

いったい夫が何をするつもりなのかはわかりませんでしたが、妻にも夫がひどく真剣であることはわかりました。結局、妻は涙を流しながらクーを旅立たせることに同意したのです。

妻の理解を得たクーはさっそく庭に出ると、仁王立ちになりました。そして手足を広げて天を仰いだ時、驚くべきことが起こったのです。クーの身体はそのままズブズブと地中に沈み、やがて頭のてっぺんだけがわずかに見えるだけになりました。

妻は子供たちを連れて庭に出ると、

「お父さんにお別れをしましょう」

クーの沈んだ場所に涙の雨を降らせ、優しかったクーに別れを告げたのでした。

その数日後のことです。クーが消えた場所から、小さな緑の芽が生えてきました。不思議なことに芽はずんずん大きくなり、あっという間に見上げるほどの大木に成長。これまた不思議なことに、木には大きな実が鈴なりに実っていました。

それは大きな大きなウル（パンノキ）(1)でした。ウルはタロイモに次いでハワイアンが好む、主食の一つです。実は子供の頭ほどにも大きく、蒸して食べると、ホクホクとサツマイモにも似た味がします。

その木には、なんと大きな実が数百個も実っていました。村中の人がお腹いっぱい食べても、まだまだ余るほどの数です。さっそく実を収穫し、すっかり満腹になったクーの家族と村人たち。幸せな気持ちでウルの木の下に座っていると、どこからか懐かしいクーの声が聞こえてきました。

「妻よ。木の根元を見てごらん。若芽がたくさん出ているだろう。その芽を掘り出し、村のみんなに分けてあげなさい」

妻がその通りに若芽を配ると、村中でウルの木が大きく成長しました。どの木もふんだんに実を

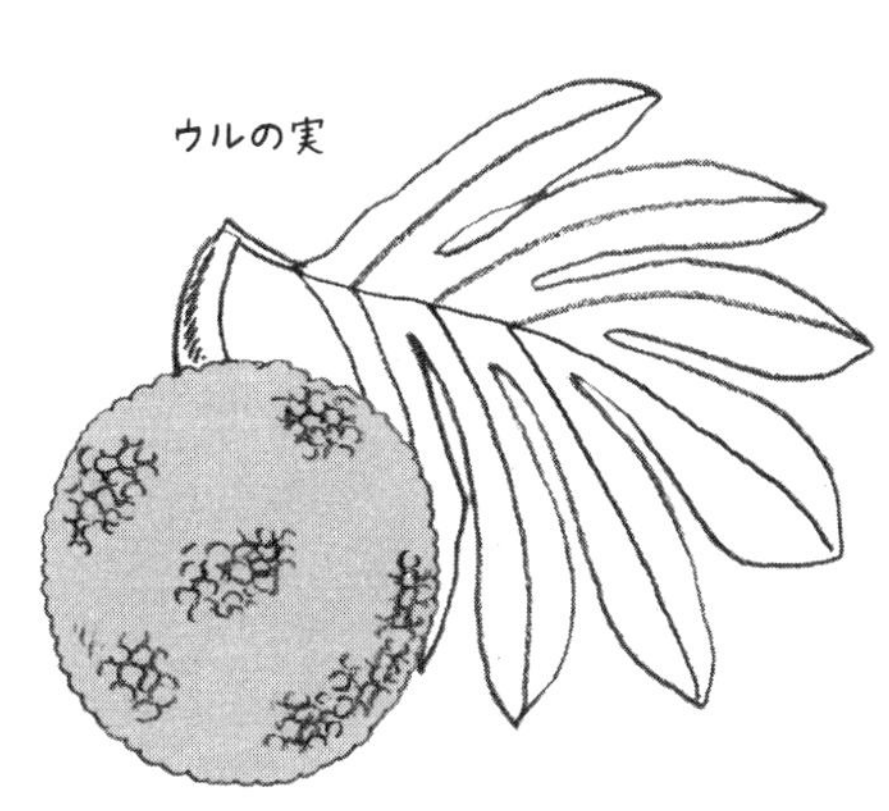

つけたので、それ以来、村が飢餓に苦しむことは二度となかったとか。村人たちはウルの木を見るたび、働き者で優しかったクーのことを思い出し、感謝を捧げたということです。

そんなわけでハワイに育つウルの木はすべて、クーの化身、つまりクーの似姿なのだそうです。

（1）ウルの木は英語でブレッドフルーツ、日本語ではパンノキといいます。4、5キロもある大きな果実は食べごたえがあり、ハワイをはじめポリネシアでの大切な主食の一つでした。昔は蒸して練りつぶして食べたり、ココナッツミルクと混ぜてスイーツに仕立てたりもしました。ウルの木にちなんだ神話が複数あることからも、ハワイでのウルの重要性がよくわかります。

第3章

その他の主要な神々

　ハワイ神話には、四大神とはまた別の頂きに君臨する高位の神々がいます。

　この世の創造主とも仰がれる父なる空の神ワケア、母なる大地の神パパ、そしてハワイアン民族の母とも称される女神ハウメアといった神々です。

　これらの神々はその他の神とは別格であり、特別視される存在でありながら、実はその神話はあまり多く伝わっていません。

　なかでも大地の女神パパと混同されたり、同一視されることが多いハウメアは、そういった意味で謎多き女神です。ハウメアは、第4章に登場する火山の女神ペレの母でもあります。

　この章では、四大神以外の主だった神々にまつわる物語を紹介しましょう。

不思議なウルの木

空の神ワケア、大地の女神パパは島々の創造主として崇められるほか、全ハワイアンの始祖と称されることがあります。事実、古代の酋長は自分の血統の正当さを証明するため、それぞれワケアとパパまで遡れる家系図を持っていたとか。

たとえば15世紀のハワイ島の大酋長リロア（カメハメハ大王の先祖）の家系図によれば、リロアは、ワケアとパパから数えて58代目の子孫にあたるそうです。

そんな背景から、ワケアとパパがオアフ島で人間として暮らしていたとする物語が、いくつか伝わっています。

昔々のことです。緑深いホノルルのヌウアヌ渓谷に、ワイカハルルという美しい滝がありました。滝壺は周辺の王族たちのお気に入りの水浴び場（1）で、滝壺のすぐ近くにあるウルの木（パンノキ）の木陰では、しばしば王族たちがひと休みする姿が見られました。ウルの木は枝を大きく広げ、木の下に、それは涼しい陰を落としていたのです。

このウルの巨木には、実は不思議な力がこもっていました。後にワケアとパパの命を助けることになる魔法の木なのですが、物語はまず、ワイカハルルの滝からさらに西に行ったカリヒ渓谷のキロハナの丘で始まります。

ある時、キロハナの丘で、2人の男女が暮らし始めました。2人はホノルルの海辺から山に向かって歩くうち、果実の木がたくさん茂るキロハナの丘が気に入り、住居を構えることにしたのです。

その山にはバナナや砂糖きびがふんだんに育ち、水も豊富です。

「いい土地が見つかってよかった。タロイモの畑も作ろう」

そう微笑んだのは、ワケアという背の高い男でした。横にいるのはワケアの妻で、パパといいます。神々しいほどの美貌の持ち主ですが、実際に半分、神の血が混じっており、不思議な力を持った女性でした。

このキロハナの丘からは、遠くカネオヘ湾へエイアのエメラルドグリーンの海が望めます。ある日、キラキラ輝く海に誘われて、海まで遠征することにしたパパ。浜辺で海藻や貝を集め蟹もたくさんつかまえて、帰路に着きました。

「今日は海の幸がたっぷり採れたわ。ワケアもご馳走を喜んでくれるでしょう」

ウキウキした気持ちでパパが山に戻ると、ある男が不吉なニュースを持ってやってきました。なんとワケアが、近隣の酋長の手下に捕らえられたというのです！

ワケアとパパは知らなかったのですが、2人の住居の近くに、意地悪な酋長が治める大きな村がありました。酋長は、新参者の2人が山で果物を集めるのを、いまいましく思っていたようです。ついにその手下が2人の家を突きとめ、ワケアを捕まえたのでした。

パパは全速力で山を走り、見晴らしのいい地点に行きつくと、遠くの尾根に一行の姿を見つけました。男たちの叫び声が、山にこだましています。

「やっといたずら者を捕まえたぞ！　神殿に連行しよう」

パパは男たちを一生懸命、追いかけようとしましたが息が切れ、もう走れません。ようやくプエフエフという地までやって来ると、地べたに座っていた男が、またも不吉なことを言うのでした。

「このままあの男は、神殿で生贄にされるぞ。見てごらん。神殿で燃やしている火の煙が見えるだろう」

ホノルル港の際にある神殿から煙がたつのを見て、パニックを起こしたパパは、男に懇願しました。

「早くワケアを助けないと！　どうか水を一杯、飲ませてください」

「ここに水なんてないよ」

そう冷たく言い放つ男の前でパパが石をつかみ、地面をひと叩きすると、冷たい水が勢いよく吹き出しました。その場所にできた小川は、今ではプエフエフ川と呼ばれています。

さっそく冷たい水を飲んで生気を取り戻したパパは、またひと走り。とうとうワイカハルルの滝の近くで、ワケアと村人たちに追いつくことができました。

「どうか私の夫を返してください。ワケアを放して！」

パパは必至にワケアの命乞いをしましたが、聞き入れてもらえません。

泣いても怒ってもダメだと悟ったパパは、最後のお別れをさせてほしいと哀願しました。

「最後に一度だけ、夫にお別れをさせてください」

ようやく願いが聞き入れられ、パパはワケアに駆け寄って、しっかりと抱きしめることができたのでした。

と、その時です！　２人の近くにあった立派なウルの木の幹が、ぽっかりと口を開けるではありませんか。

「ワケア、こっちよ！」

パパはこの機を逃すまいとワケアの手をつかみ、素早くウルの木を目がけてジャンプ！

とたんに幹は固く閉じ、２人の姿を消し去ってしまいました。

驚いたのは酋長の手下たちです。木の周りをグルグル回って探しましたが、２人の姿はおろか、木の割れ目も見つかりません。

「いったいあいつらはどこに消えた？」

男たちは途方に暮れるばかり。

それも当然です。実はその時、2人はもう幹の中にはいませんでした。パパが魔法の力で幹の反対側に口をあけ、男たちに見つからないうちにとっくに逃げ出していたのです。まさに危機一髪のところで、2人は追っ手から逃れることができたのでした。

ちなみにその時、パパは草の蔓で作ったスカートをはいていましたが、逃げる途中に邪魔になり、山に脱ぎ捨てていったそうです。やがてそのスカートは瑞々しい朝顔に変化（へんげ）し、山のあちこちで咲くようになりました。ヌウアヌの山に今、たくさんの朝顔が咲いているのには、そんな理由があります。

一方、何も知らない酋長の手下は、ワケアとパパが逃げた後も2人が幹のなかに隠れていると信じて疑わず、ウルの木を隅々まで調べていました。ところが幹を押しても引いても、入口は現れません。大きな枝を持ち上げてみても、穴はどこにも見つかりませんでした。

男たちは困り果て、酋長に伝令を送ることにしました。すると酋長は、ウルの木を切り倒すよう命じたのです。ただちに木こりが現場に送られ、斧をふるったのですが、恐ろしい事態が発生しました。木片が当たり、木こりが死んでしまったのです。そこでほかの男が斧をふるったところ、またしても同じことが起こりました。

　こうして木に手を出す男たちが次々、倒れてしまったのでした。

　一行は恐れおののき、ついに神官に助けを求めることに。やって来た神官はウルの木を前に瞑想し、やがて厳かに宣言しました。

「木に飛び込んだ女はただの人間ではない。タヒチからやってきた、神の血を引くパパだったのだ。敬意を持ってパパを扱えば、おまえたちに危害は与えられないだろう」

　そこで酋長はパパとワケアが隠れていたウルの木にさまざまなお供えをし、祈祷を捧げることにしました。その結果、無事、ウルの木は切り倒され、木からは神像が作られることになりました。

　その神像は並みの神像ではなく、不思議な力がこもった神像でした。戦争に勝利し、領土を統率する知恵を持ち主に授けると信じられ、後世、ハワイ中で知られるようになったそうです。あのカメハメハ大王も、一時、神像を所有していたと言われています。

（1）ワイカハルルの滝周辺の土地は以前、カメハメハ3世の王妃の土地でしたが、後にハワイ王国8代目で最後の女王だったリリウオカラニの所有となりました。リリウオカラニは滝壺の近くにコテージを建て、滝でよく水浴びを楽しんだとか。その近くにあったというウルの巨木やコテージはもう残っていませんが、一帯は今、リリウオカラニ植物園として整えられ、公開されています。

ワケアの戦い

「不思議なウルの木」中、パパはタヒチからやって来たとされていますが、ワケアはタヒチではなくハワイで生まれ、元はオアフ島を支配する酋長だったとする神話もあります。神話によればワケアは「不思議なウルの木」に登場する意地悪な酋長も含め、数々の挑戦者を退け、オアフ島の覇者となったのだそうです。

大昔、オアフ島を治めていた酋長のカヒコには、リハウウラ、ワケアという自慢の息子が2人いました。ところがカヒコが死んだ時、なぜかすべての土地は兄のリハウウラに遺され、弟のワケアには、何ひとつ贈られませんでした。その結果、高貴な血を引く身でありながら、妻のパパと2人で貧しい生活を送ることになったワケア。もしかすると、「不思議なウルの木」は、この時代のワケアにまつわる物語なのかもしれません。

しかもいったい何の不満があったのでしょう。オアフ島中の土地を手にしたリハウウラは、弟に戦いを挑むことを思いついたのです。

「今はやめておきなさい！　ワケアに負かされてしまいます」

側近は固く反対しましたが、リハウウラは聞く耳を持ちません。強大な軍隊を持つリハウウラは、わずかな家来を連れて出ていった弟を鼻で笑っていたのです。

ところが、またもパパが不思議な力を駆使したのでしょうか。驚いたことに少数精鋭のワケア軍はリハウウラの大軍を打ち破り、リハウウラも戦死してしまいました。こうしてワケアは、晴れてオアフ島の大酋長となったのです。

その噂を聞きつけて怒り心頭に発したのが、「不思議なウルの木」でワケアを襲ったカリヒ渓谷の酋長、カネイアクムホヌアです。島の大酋長となったワケアに嫉妬し、今度こそ息の根を止めてやろうと、大勢の戦士を送りこんできました。

その知らせを聞いたパパは、カネイアクムホヌアに使者を送って警告しました。

「無駄な戦いはおやめなさい。あなたに勝ち目はありません」

ですがカネイアクムホヌアは聞き入れません。

そこでワケアとパパの一行は無謀な戦いを避けようと、コオラウ山脈を越え、美しいクアロア地区の海辺に移動することにしました。ところが、気がつけば、いつの間にか敵軍がすぐ背後に迫っているではありませんか。

「もうこれ以上、無駄な血を流すのはやめたいわ」

パパは溜息をつきながらクアロアの山に育つククイの木の実を集め、あられのごとく敵軍に浴びせかけました。誰にも手をかけることなく、こうして見事にカネイアクムホヌアの軍勢を撃退したのです。

それでもカネイアクムホヌアは諦めません。しつこく軍隊を立て直し、戦いのチャンスを今か、今かと待ち続けていました。

そんな時、クアロアに大津波が襲来し、海辺に集まっていたワケアの一行はあっという間に沖へと流されてしまいました。一行はなんとか大波をやり過ごしながら必死で泳いでいましたが、このままではみんな、溺れ死んでしまいます。

「コモアヴァよ、どうすればいいだろう」

一緒に流された自分の神官コモアヴァにワケアが尋ねると、コモアヴァが静かに答えました。

「ワケアさま、すぐに神殿を建て、神に豚を供えて祈りましょう」

「コモアヴァよ、ここは海の真ん中だ。神殿を建てる材料もなければ豚もいないぞ」

「いえいえ、しっかりございます。どうか私の言うとおり、やってみてください。まずは右手を上に向けて丸め、お椀の形を作ってごらんなさい。次に左手の指で何かをつかむ動作をして、右手のお椀に入れるのです」

もちろん神官は海の真ん中に神殿を建てろと言ったわけではなく、あくまでも儀式や象徴としての話をしていたのです。

ワケアがその通りにすると、神官は微笑みました。

「さあ、これで神殿が建ちました。今度はフムフムヌクヌクアプアア(1)をつかまえましょう」

フムフムヌクヌクアプアアとは、ハワイの海に生息するカワハギの仲間の熱帯魚です。口の尖ったその顔が豚によく似ているので、ブタの半神カマプアアの化身の一つとされています。さっそくワケアはフムフムヌクヌクアプアアを1尾つかまえると、これも右手で作った神殿に供えました。

「はい、これで立派な豚も捧げられました。ではみな、神殿の周りに集まるように！　これから神に祈りを捧げます」

ワケアと神官の周りに、戦士たちが泳いで集まってきました。満足した神官が祈祷をあげると、あら不思議！　沖からの大波が、一行を岸へと押し戻してくれたのでした。

ワケアと戦士がクアロアの海辺に戻ったことを聞きつけたカネイアクムホヌアは、またまたワケアに戦いを挑んだのですが、簡単に撃退されてしまいました。三度目の敗退に、さすがのカネイアクムホヌアもワケアの追求を諦めたようです。

こうしてオアフ島の支配者として、不動の地位を築いたワケア。島に平和と安定をもたらした名君として、何十年も何百年も、語り継がれることになりました。

（1）フムフムヌクヌクアプアアはハワイ州の州魚。その長い名には、「豚のように突き出た鼻をした」との意味があります。名の最後につく「プアア」は、ハワイ語で豚を意味します（第6章「イノシシの化神、カマプアア」参照）。

ハウメアの魔法の木

ハウメアは、女性の受胎能力や出産を司る女神。自らも多産であり、次の章でふれているように、火山の女神ペレとその兄弟も実はハウメアの子供たちです。しかもペレと兄弟は通常の分娩ではなく、ハウメアの頭や指先など、身体の各部分から生まれたと言われています。たとえばペレはハウメアの太腿から生まれ、姉で海＆水の女神ナマカオカハイは、ハウメアの胸から誕生しました。鮫の神である長男のカモホアリイは頭のてっぺんから、そして雷神カネヘキリは口から、稲妻の神カウイラヌイは眼から生まれたとされています。いまだその実像はベールに包まれているハウメアですが、その神通力を象徴する神話として、次の物語が知られています。

昔、ハワイから遠く離れたある島で、酋長オロパナの娘ムレイウラが産気づいた時のことです。たいへんな難産で、家族はムレイウラが死んでしまうのではと心配していました。そこにたまたま通りかかったのが、女神ハウメア。すぐに出産の手助けを申し出ると、宣言しました。

「私の国では出産で母親が死ぬことはありません。出産を司る女神である私が助けるからです」

家族は喜び、ハウメアに尋ねました。

「手伝っていただけたなら、どうやってお礼すればいいでしょう」

ハウメアは微笑んで答えました。

「もしもあの美しい木を私にくれるなら、ムレイウラと赤ん坊の命を助けてあげましょう。風変わりで素晴らしい花を咲かせるあの木を、私はとても気に入っているのです」

その言葉の通り、ムレイウラは世にも不思議な木を持っていました。木の葉は次々色を変え、花は大きな声で歌を唄います。ムレイウラはその木を大切にしているのですが、命には代えられません。すぐにハウメアの申し出を受け入れることにしました。

さっそくハウメアが産みの苦しみを和らげる呪文を唱えると、すぐさまムレイウラに力が戻り、気分が回復していきました。

ところがそれがあまりにあっという間の出来事だったので、ムレイウラは、大切な木をハウメアに譲るのが惜しくなってしまったのです。

「やっぱりあの木は、あなたにあげられません！」

するとムレイウラはまた力を失い、意識が遠のいていくのを感じました。

「私をお許しください！　命を助けてくださるなら、あの木をお礼に差しあげます」

それを聞いたハウメアが再び呪文を唱えると、またたく間に容態が改善しました。それなのにムレイウラは、またまた木を差し出すのが惜しくなってしまったのです。

「やっぱりあの木は、あなたにあげられないわ！」

その結果、みるみるうちにハウメアの神通力がムレイウラの身体から抜け、今度こそムレイウラは死の淵に沈みこんでいきました。

おろおろしながら横で娘を見守っていた父のオロパナは、その時、大声で娘を叱りつけました。

「もう木のことは諦めろ！　死んでしまったら元も子もない。木のことなんて

どうでもいいんだ」

そのひと声でムレイウラはやっと諦め、木をハウメアに捧げることを約束しました。ハウメアがいっそう強力な呪文を唱えた結果、ムレイウラは無事に元気な赤ん坊を産み、ハウメアは美しい花を咲かせる木を手に入れたのでした。

ハウメアはこの木を持って各地を旅し、海を渡ってハワイ島にやって来ました。ところが木を植えるのに適した土地が見つからなかったため、さらにマウイ島へ。マウイ島には四つの清らかな渓流があり、アヴァの木も豊富なので、ハウメアはそこに落ち着くことにしました。

まずは好物のアヴァ酒を作ろうと、ワイヘエ川の畔に木を置き、水を汲みに出かけたハウメア。戻ってくると、驚いたことに横たえておいた木が根を張ってすくっと立ち、大きな枝を広げているではありませんか。

そこでハウメアは木の周りに風よけの石垣を造り、一度、天界に戻ることにしました。ところがハウメアの留守中、事件が起こります。ある男が神像を作るため木を探しに出かけ、ハウメアの木を切り倒してしまったのです。やっと木が倒れた頃には夜の闇が迫っていたので、男はワイヘエ川の畔に木を残したまま、いったん帰宅することにしました。

その夜のことです。猛烈な嵐が村を襲い、20日にもわたって大雨が降り続きました。ワイヘエ川も大氾濫し、ハウメアの愛する木はたいへんな勢いで川を下って海へと流されていきました。

その後、ハウメアの木は何か月も海を漂い、ついに大きな枝が折れてハワイ島カイルアコナの村に漂着。その枝を見つけた村人たちは、目を疑いました。浅瀬に横たわる枝の周りに無数の魚が集まり、跳びはねていたからです。

「この枝は魚を呼び寄せる。不思議な力がこもっているぞ」

枝の魔力に気づいた村の酋長はさっそく枝を持ち帰り、マカレイと名づけ、神として祀ることにしました。

またほかの大きな枝は、マウイ島の静かな浜辺に流れ着いていました。ある酋長によって拾われ、こちらも神像に仕立てられ、クケオロエヴァと名づけられました。

さて、では肝心の幹はどうなったのでしょうか?

実は幹もしばらく海を漂った後、マウイ島の他の酋長によって拾われ、神像に仕立てられていたのです。

酋長はずっと以前、夢のなかで神像を家に祀るよう、神のお告げを受けていました。ですが永らく、神像を彫るのによい木が見つからなかったのです。そこで神官に相談し、３日間にわたって神に祈りを捧げ、神像に適した木を探し回っていたところでした。

そして3日目の夜、浜辺で見つけたのがハウメアの木の幹だったというわけです。幹は儀式を経てさっそく神像に仕立てられ、クホオネエヌウと命名されました。

しかも後々、神像には素晴らしいマナ（霊力）が宿っていることがわかりました。神像を祀った酋長は次々と幸運に恵まれ、大金持ちになったとか。そのため神像のパワーは、いつしかハワイ全島に響きわたることになりました。

その後、神像はオアフ島の酋長が譲り受け、酋長は神像のため、今のホノルル港近くに大きな神殿を建立。そのパカカ神殿（1）で、神像は、永らくオアフ島中の人々に崇められたということです。

（1）パカカ神殿はもうありませんが、かつてはオアフ島の神官の修行場でもあり、オアフ島の神殿の総本山ともいうべき重要な神殿でした。今、跡地の近くには、アロハタワーが建っています。

変化自在の女神ハウメア

ハウメアは自由自在に若返る神通力を持ち、姿と名前を変えて蘇り、自分の子供たちや孫と交わったといわれています。空の神ワケアの妻である大地の女神パパも、ハウメアのそんな変化（へんげ）の一つという説も。

ここでは第1章の「タロイモとハワイアンの関係」の別バージョンとして、ハウメアとパパにまつわるミステリアスな話を紹介しましょう。

昔々の大昔。ハウメアは若返って大地の女神パパとして降臨し、空の父ワケアの妻として幸せに暮らしていました。

ところがワケアが娘のホオホクカラニと姦通したため、ハウメアはかんかんになり、天界に帰っていきました。

天界に戻ったハウメアはワケアに復讐するため、さっそく一つの計画を立てます。まず、ハレパパアという神殿で若返りの儀式を行い(1)、若く初々しい女として復活。その頃には成人していた、ワケアとホオホクカラニの息子ハロアに近づき、まんまと妻の座に収まったのです。

その際ハウメアは、ヒナマノオウルアエと名乗っていたそうです。

やがて2人の間にはワイアという息子が誕生しました。ハウメアはその後も神通力で若い女として蘇り、ワイアやその子孫と交わり続けました。

もっとも当の子孫たちは、妻として娶った女が自分の先祖のパパ（ハウメア）であるとは夢にも知りませんでした。ハウメアは自分の正体を隠したまま、子供や孫、ひ孫などの妻になっていたのです。

ところがある時、ウアイアという神官が、ついにハウメアの正体を見破ったのです。

「おまえはたいへんな年寄りだ。女神ハウメアだ！」

神官ではなく、8代目のキオという子孫が近づいてきた女の正体を見破ったという説もあります。

キオもまた激しくハウメアを罵り、

「おまえは若い女なんかじゃないぞ、年寄りだ。誰がおまえを妻になんてするものか！」

と、ハウメアを遠ざけたとか。

自分の子孫であるキオに侮辱されたハウメアは地団駄を踏んで悔しがり、そのため大地が揺れ動いた(2)ほどでした。

以来、ハウメアが若い女の姿を借りて子孫と結婚することはついぞなかった、ということです。

(1)「ハウメアの魔法の木」に登場したマカレイは若返りの魔力も持っており、ハウメアはマカレイを操って若さを取り戻したともいわれます。

(2)ハウメアが蘇りながら子孫と交わった話は、コラム「創世記、クムリポ」で紹介した叙事詩クムリポのなかでも語られています。ハウメアが地団駄踏んで……のくだりは、そのなかに登場します。

【コラム】 ポリネシアとは？

太平洋の島々は、民族学的に三つの文化圏に分けることができます。ハワイのあるポリネシア、グアムを含むミクロネシア、そしてパプアニューギニアがあるメラネシアです。ポリネシアと呼ばれるのは、ハワイ、ニュージーランドとイースター島に囲まれた三角形の海域です。一般にポリネシアの三角地帯と呼ばれます。

ポリネシアにはギリシャ語で「多くの島々」という意味があり、その名の通り、2000以上の島々が点在しています。一方、ミクロネシアは「小さな島々」、メラネシアには島民の肌の色合いから「黒い島々」という意味があります。

そのうちハワイのあるポリネシアは、三つの文化圏のなかでも最大です。地球の表面の4分の1に当たるほど広大な海域を占め、それぞれの島は遠く離れていますが、各島の言葉や風習は驚くほど似ています。

そのためイギリス人航海家のクック船長は、太平洋を航海中、タヒチから4400キロ離れたハワイでタヒチ語とそっくりの言葉が話されるのを聞き、驚愕したという逸話もあるほどです。

言葉に加え、ポリネシアの島々の信仰や神話も、かなり似通っています。第1章でふれたように、ハワイの四大神、カネ、カナロア、ロノ、クーはポリネシア共通の神々。さらに空の神ワケア、大地の女神パパ、そして半神半人マウイも、多くの島々でお馴染みです。カネはタネ、カナロアはタンガロンガ、ワケアはアテアやヴァテアと少しづつ名前を変えながら、多くの島で崇拝されています。

第4章

火山の女神ペレ

　気が短く衝動的で、ペレを怒らせると火山が噴火する――。火山の女神ペレの気質は爆発的で、まさに火山そのもの。ある時は漆黒の長い髪を持つ美女、またある時は白髪の老婆として、人々の前に姿を現すとされています。昔は火口横や溶岩流の流れる地域に、ペレのための神殿が建てられていました。

　ポリネシアの島々と共通の神話も多いハワイですが、ほかの島々にペレの軌跡はなく、ペレにまつわる物語はハワイ独特のもの。遠い昔、タヒチやマルケサスといった島々からハワイに移り住んだ人々が火山の噴火を見て抱いた畏怖が、火山の権化である女神ペレを生みだしたともいえるでしょう。活火山を頂くハワイ島を中心に今もペレ信仰は根強く、ペレにまつわる数々の神話が現代に語り継がれています。

女神ペレとその一族

ペレの母は、母性の象徴である女神ハウメア。その父は神のクー・ワハイロやカネホアラニ、はたまた人間の酋長モエモエとする説など、諸説があります。ハワイで発展したペレ神話ですが、物語のなかでペレはタヒチ諸島のボラボラ島で生まれ(1)、一族を引き連れてハワイに渡ってきた(2)とされています。

大昔、ペレはタヒチで両親や一族と暮らしていましたが、いつか島を出て、冒険の旅に出ることを渇望していました。やがて美しい大人の女性に成長したペレは、いよいよ姉妹や兄弟を従えて、タヒチを出立することになりました。

その旅立ちの理由について、「姉ナマカオカハイの夫を誘惑したので、姉に島を追われたのだ」と噂する人もいますが、真相は定かではありません。

ともあれ、ペレと一族は島を去ることになり、ペレの長兄で鮫の神カモホアリイが一行のカヌーを先導することになりました。

カヌーは順調に大海原を進み、ハワイ諸島のニイハウ島に到着しました。ペレは住居として、永遠の炎を燃やし続けるための深い穴が必要です。ニイハウ島でもさっそく穴を掘り始めたのですが、水が噴き出してきたため、ニイハウ島に住むことは叶いませんでした。次にペレは隣のカウアイ島に移り、穴を掘ってみましたが、やはり水が噴き出し、あっという間に水浸しになってしまいました。

「またダメだわ。どこを掘っても水が湧いてくる！」

ペレは嘆きましたが、それも当然だったのです。海と水の女神ナマカオカハイがペレをタヒチから追いかけ、ペレが穴を掘るたび水浸しにしていたのですから。どうやらペレが姉の夫を誘惑したという噂は、本当だったようです。

ペレはその後もオアフ島、モロカイ島、カホオラヴェ島、マウイ島と島々を巡って穴を掘り続け、ナマカオカハイもペレを執拗に追跡しては、掘った穴を海水で満たすのでした。

ちなみに今もハワイには、この時にペレが掘った巨大な穴があちこちに残っています。オアフ島のダイヤモンドヘッドやパンチボウルの丘、マウイ島のハレアカラ火山の火口も、実はその名残りです。ハワイ各地にペレ伝説が残っている背景には、そんな理由があります。

こうしてナマカオカハイの追跡をかわしながら⑶、ペレはついにハワイ島のキラウエ

ア火山に到着しました。幸い、キラウエア火山は海から遠く離れています。今度はナマカオカハイに妨害されることなく、無事、深い穴を掘ることができたのでした。

「ここでなら、永遠の炎を燃やし続けることができる。ここに落ち着くことにしましょうか」

こうしてペレはキラウエア火山のハレマウマウ火口に定着。今もタヒチから一緒に渡ってきた兄弟や姉妹と一緒に、暮らしているということです。

つまりハレマウマウ火口は、ペレと一族の終いの棲家なのです。

（1）ペレ一族のタヒチからハワイへの移動は古い叙事詩「マイ・カヒキ・カ・ワヒネ・オ・ペレ」に詠われており、そこには遠い昔のポリネシア民族の大移動の史実が反映されているといわれています。

（2）「マイ・カヒキ・カ・ワヒネ・オ・ペレ」には、カヒキという地名に並んで、ポラポラ（ボラボラのタヒチ語読み）という地名が登場します。カヒキは通常、「海の彼方の地」を意味し、フランス領ポリネシアのタヒチを指すとは限らないのですが、叙事詩にポラポラとの言葉が出てくるために、ペレはタヒチからやって来たというのが定説です。

（3）ペレとナマカオカハイはマウイ島ハナで出会い、激突したという言い伝えもあります。ハナにあるカイヴィオペレの丘は、その時にズタズタにされたペレの遺体の跡とか。その説では、一度死んだペレの魂がハワイ島キラウエアに向かったとしています。ちなみにカイヴィオペレは、ハワイ語で「ペレの骨」を意味します。

オヒアレフアの伝説

怒りやすく衝動的な女神ペレの怒りにふれて命を落とした人々の物語が、ハワイでは多々、語り継がれています。なかでもペレのそんな気質をよく表すのが、オヒアレフアの伝説。ハワイ島キラウエア火山など、各島の火山地帯でよく見られる(1)オヒアレフアの木は、ペレの逆鱗にふれた男女の似姿なのだそうです。

昔々、ハワイ島の火山地帯近くに、オヒアという男らしくハンサムな戦士と、レフアという可憐な美女が住んでいました。2人は仲のよい恋人たちで、一時も離れていられないほど愛し合っていたのです。

ところがそんなオヒアに、ペレが横恋慕。長い黒髪の魅惑的な女性の姿で現れ、オヒアを誘惑しようと手を尽くしたのですが、誠実なオヒアはペレに心を惑わされることはありませんでした。オヒアの目に映る女性は、愛するレフアだけ。レフア以外の女性など、オヒアにとってはいないも同然だったのです。

一方、ペレは絶世の美女として人々に賞賛される自分、しかも本当はパワフルな女神である自分を無視するオヒアに激高しました。

「たかが人間のくせに！　私の愛人になることを拒むなんて」

あまりに自分勝手な想いとともにオヒアを憎悪し、オヒアに愛されるレフアにも猛烈に嫉妬したペレは、ついに火山の女神としての本性をむき出しにしました。罪もない恋人たちを、溶岩であっという間に焼き殺してしまったのです。

その一部始終を目撃し、姉の残忍な行いをたしなめたのがペレの妹たちでした。

「姉さん、なんて酷いことをしたの。愛し合う2人には何の罪もないでしょう」

一時の憤怒による浅はかな振る舞いを家族に責められ、われに返ったペレ。深く後悔しましたが、女神であるペレにも2人を蘇生させることはできません。そこで罪滅ぼしに、2人を1本の樹木に変化（へんげ）させることにしました。

こうして、たくましいオヒアはがっしりとした幹に、美しいレフアは花になり、1本の樹木として永遠に結ばれることになりました。つまりオヒアレフアは、ペレが滅ぼした恋人たちの化身なのです。黒くごつごつした男性的な木に、真っ赤で可憐な花が咲くのには、そんなわけがあります。

なお、今でもキラウエア火山周辺には、「オヒアレフアの花(2)を摘むと雨が降る」という言い伝えがあります。なぜなら、離れ離れにされた恋人たちが涙の雨を降らせるからです。もしキラウエアの火山地帯で雨に遭遇したら……。それは火山のどこかで、誰かがオヒアレフアの花を摘んだからに違いありません。

(1) 乾ききった溶岩の上にも芽を出す生命力溢れたオヒアレフアの木は、ハワイ固有の植物。平地や森林地帯でも一部見られますが、火山地帯、特にキラウエア火山のあるハワイ島プナ周辺でたくさん見ることができます。溶岩の合間をぬって芽吹くオヒアレフアはペレや火山地帯の象徴ともいえる植物でもあり、ペレにちなんだ曲を踊るフラダンサーは、オヒアレフアの花で作ったレイを身につけることがあります。

(2) 樹木全体をオヒアレフアと呼ぶのに加え、その花だけをレフアと呼ぶこともあります。

ウルの実をせがんだ老女

ハワイの人々は昔から子供や孫に、「老女を決して粗末に扱ってはいけない。その老女は女神ペレかもしれないのだから」と教えてきました。なぜならペレは黒髪の絶世の美女として知られる一方で、白いムームーを着た白髪の老女として人前に現れることもあるからです。

実際、ハワイ島カウの地には、現れた老女をペレの変化（へんげ）と知らず不親切にし、溶岩で焼かれてしまった少女の伝説が残っています。

昔々のことです。ハワイ島の2人の少女が、焚き火でウルの実（パンノキの実）を焼きながら自分の守護神について自慢し合っていました。ウルはタロイモやサツマイモと同様、ハワイアンの主食の一つです。2人の少女は日本でいえば焼き芋を作る感覚で、ウルを焼いていたのでしょう。

「私の神さまはラカ（1）よ。すごく慈悲深い女神なの」

1人の少女が言うと、もう1人が応えました。

「私の神さまはカポよ。それは優しい神さまなの」

2人が夢中になって自分の崇拝する神について話していると、いつの間にか見知らぬ老女がすぐ横に立っていました。白いムームーを着たその老女は、女神ラカを褒めていた最初の少女に向かって頼みました。

「そのウルの実を、少し私に分けてくれないかね」

ところが少女は、老女の頼みをきっぱりと拒絶したのです。

「ダメ！　これはラカさまのものよ」

つれない少女に、また老女が尋ねました。

「ラカはそんなに強い神なのかい？」

「そうよ、ものすごく強力な神さまよ」

「わかったよ。では、おまえのヒョウタンに入っている水を恵んでくれないかな」

「ダメ！　これもラカさまのものなの」

少女はプイとそっぽを向き、結局、ひと切れのウルの実も水も、老女に分け与えませんでした。

そこで老女は、2人目の少女に頼んでみました。

「おまえは私にウルの実を少しくれるかな?」

2人目の少女は心優しい少女でした。すぐに老女にウルの実を分けてあげると、老女は大喜びしました。

「ああ、美味しかった。水も飲ませてくれるかい?」

「もちろんです、おばあさん。さあ、どうぞ」

ウルの実を食べ、水も飲んで満足した老女は焚き火を離れて立ち去る際、親切にしてくれた少女に不思議なことを言ったのです。

「いいかい。家に帰ったら親に言うのだよ。家に食物を貯めておきなさい。そして今日から10日間、家の四つの角に、カパで作った旗を吊るしておきなさい、とね。わかったかい」

優しい少女にそう念押しをすると、老女は去っていきました。

その日の夕方、優しい少女は家でさっそく1日の出来事を親に話し、老女の不思議な言葉もしっかり伝えました。すると、親にはすぐピンと来たのです。その老女はただの老婆ではなく、火山の女神ペレの変化(へんげ)だったことが……。

少女の親は娘が老女に親切にしたことをたいそう喜び、言われたことを忠実に守りました。

そしてその10日後のことです。キラウエア火山が噴火し、溶岩流が少女の住むカウ地方を襲いました。少女の村も溶岩流に呑みこまれてしまいましたが、優しい少女の家だけは、何の被害もなく破壊を免れたのです。

少女の親の考えたことは正しく、ウルの実と水を所望した老女は、実はペレの変化だったのでした。

一方、老女につれなかったもう1人の少女の家は、溶岩流に焼かれて跡形も残りませんでした。

もしもあの時、老女に親切にしていたなら……。少女の家も助かったに違いありません。

古来、こういった恐ろしい伝説がいくつも残るハワイ。そのためハワイの大人は今も子供や孫に、「見知らぬ人、特に老女には親切にしなければならない。無礼に扱ってはいけない」と教えるのです。それと知らずペレに無礼を働いて、罰が当たってはたいへんですから……。

（1）女神ラカとカポはペレの妹たち。ラカはフラの女神、カポは呪術の女神とされていますが、2人は同一の神であるという説もあります。その説によればラカのネガティブな側面が、カポという女神として現れるのだそうです。

ペレを侮辱した酋長

ヘエ・ホルア(1)とは古代ハワイのスポーツ。山の急斜面に石と草を敷きつめて滑走路を造り、木製そりに腹ばいになって1キロ以上も滑り降りる、ワイルドな遊びです。木製そりの幅は、わずか15センチほど。そのうえでバランスを取りながら急斜面を滑走するには、もちろん高度な技術が必要です。しかも草や石には油を塗って滑りやすくしてあり、最大時速は90キロにもなります。命がけともいえそうなスリル満点のスポーツですが、古来、王族に大人気でした。

ヘエ・ホルアはまた、女神ペレもお気に入りのスポーツだったそうです。その正体を知らずヘエ・ホルアでペレに挑戦したり、挑戦を退けてペレを侮辱した男たちの伝説はハワイ各地に残り、なかでもカハヴァアリの物語が広く知られています。

ハワイ島プナ地区の若い酋長カハヴァアリが、親しい友人を誘ってカポホに出かけた時のことです。カポホの丘の斜面には幅広のヘエ・ホルア用滑走路があり、カハヴァアリと友人は、どちらが早く滑り降りられるか、競争をしようと思いたったのです。

若くハンサムな2人が滑走路の上に立つと、いつの間にか滑走路の下には、大勢の人が集まっていました。人々は口々に歓声をあげ、競技が始まるのをいまかいまかと待ち構えています。

そんな騒ぎを聞きつけたのが、近くのキラウエア火山に住む女神ペレでした。火山の山頂からプナ地区を見下ろし、いったい何が起こっているのかと興味を惹かれて山を降りてきたのです。そして滑走路の下で大勢の観衆に交じり、カハヴァリたちの競技を見守っていました。

カハヴァリと友人はペレの目の前で何度か滑走し、そのたびにカハヴァリが勝利しました。そんな時、カハヴァリを褒めたたえる観衆に混じりながら、勝気なペレは、

「私ならあの男を負かせる」

1人呟いたのです。ペレはさっそく丘を登り始め、静かにカハヴァリの背後に回ると、男に声をかけました。

「どっちが早く滑り降りられるか、競争しましょう」

カハヴァリは、とても誇り高い男でした。声をかけてきた見知らぬ女をそっけなく拒絶すると、1人で滑走路を滑り始めたのです。誇り高い女神ペレが、その瞬間、憤怒に燃え

たのはいうまでもありません。

ところが、カハヴァアリが滑走し始めると、下で見物していた人々から悲鳴が上がりました。不思議に思ったカハヴァアリが後ろを振り向くと、すぐ後ろから、先ほどの女が滑り降りてくるのが見えます。

しかもその身体は炎に包まれ、真っ赤な溶岩にのって滑走路を滑り降りてくるではありませんか！　炎の塊と化した女は、すぐ背後に迫っていました。

それを見てカハヴァアリは、やっと悟ったのです。先ほど邪険に扱った女は、こともあろうに火山の女神ペレだったことを。

自分の犯した過ちを悟ったカハヴァアリは、持てる力を振り絞ってスピードを上げ、なんとかペレよりも先に滑走路の下に到着することができました。燃える溶岩が足元まで迫っていましたが、全速力で海岸へと疾走。そこには偶然、釣りに出かけていた弟がカヌーを浜に着けたところでした。カハヴァアリはそのままカヌーに飛び乗って沖に急行し、なんとかペレを振りきることができたのでした。

こうして危ういところで命拾いしたカハヴァアリですが、火山の女神の怒りを買った以上は、ハワイ島で暮らす(2)わけにはいきません。そのままマウイ島に移り住み、ハワイ島にはもう、戻らなかったということです。

ちなみにカハヴァリがヘエ・ホルアを楽しんだくだんの場所は、今なお「カハヴァリの滑走路」(カ・ホルア・アナ・オ・カハヴァリ)との地名で知られています。

(1) ヘエ・ホルアの滑走路はかつてハワイ各地の急斜面に造られており、たとえばオアフ島ホノルルでもダイヤモンドヘッドやパンチボウルの丘、ヌウアヌ渓谷にあったことがわかっています。ハワイ島ケアウホウにはカメハメハ大王が造ったとされる滑走路があり、今も丘の裾野から見上げることができます。

(2) ハワイ諸島のなかでもハワイ島だけに、いまだ活発な活火山(キラウエア火山、マウナロア山、フアラライ山)があります。

ペレと雪の女神ポリアフ

ヘエ・ホルアでペレと争い、諍いに発展したのは、なにも人間に限りません。ハワイ島最高峰、マウナケア山（1）に住む雪の女神ポリアフとも、ヘエ・ホルアがきっかけで大騒動が勃発。マウナケア山が死火山となったのは、炎の女神と雪の女神の激しい戦いの結果なのだそうです。もっとも本質的に対極にある雪の女神と炎の女神は、元々仲良く付き合えるはずがなかったのかもしれません。

昔々、マウナケア山の頂上には、女神ポリアフが3人の妹たちと平和に暮らしていました。ポリアフは雪と雪山の女神で、たぐいまれな美貌の持ち主です。いつも白のマントを身にまとい、ポリアフの行く先々には常に冷気が漂っていました。

3人の妹のうち、リリノエはマウナケア山を包む霧の女神。またワイアウはマウナケア山から流れる地下水の女神、そしてカホウポカネは、ハワイ島の泉を象徴する神カネの腹心でした。4人とも雪の女神だとする説もあります。

ある日4人の姉妹は、久々にヘエ・ホルアを楽しもうと、マウナケアの山頂から降りてきました。山のハマクア側には、立派な滑走路があります。滑走路には人影がなく、4人はお互いに競争し、楽しい時間を過ごしていました。

と、その時。ふと気がつくと、丘の上に見知らぬ女が立っていました。女は漆黒の長い髪を持ち、目を見張るほどの美人です。女はケアヒレレと名乗ると、言いました。

「私、島の南から来ました。あなたたちと一緒に滑ってもいいかしら？　あいにく、そりは持っていないのですが」

「いつからそこにいたの？　どうぞ、一緒に滑りましょう。私のそりを使ってください」

リリノエが微笑むと、ケアヒレレと名乗る女は嬉しそうにそりに横たわり、あっという間に滑走路を滑っていきました。それを見たポリアフは、氷の笑顔を浮かべて女に挑戦しました。

「私と競争しましょう」

ポリアフもペレと同じように、それはプライドが強い女神なのです。リリノエのような愛想のかけらもありません。

結局、2人が順に滑り、ポリアフの妹たちが勝敗をつけることになりました。

さっそく2人は見事な滑りを見せましたが、身内びいきもあったのでしょう。軍配はポリアフに上がりました。その時、見知らぬ女の顔色がさっと変わったことに、ポリアフと妹たちはまったく気づきませんでした。

女の怒りはますます大きくなり、地団駄踏んで悔しがると、大地が突然、揺れ動きました。しかも地面には熱がこもっています。もっともペレがこれほど怒り狂ったのは、競技に敗れたこともさることながら、自分より美しいポリアフに最初から嫉妬していたからだという人もいます。

ともあれ、その時、やっとポリアフは見知らぬ女の正体に気づいたのです。その女は火山の女神ペレでした。女が名乗ったケアヒレレという名は、実はハワイ語で「飛ぶ炎」を意味しています。どおりで先ほど、女は飛ぶがごとく滑走路を滑り降りていったはずです！

怒りに燃えるペレは若い美女の仮面を脱ぎ捨てると、凄まじい形相でマウナケア山の地下から炎を噴出させました。さらに炎を伴い、山頂へと進んでいきます。ペレを追って、ポリアフも山頂へと急ぎました。山頂の一部は、すでに炎に包まれています。ポリアフは慌てて自分の雪のマントを広げ、なんとか火を消し去ることができました。

その後も炎と雪の女神の戦いは続き、マウナケア山全体が激しく震撼。しまいには島全体がずしん、ずしんと揺れ動くたいへんな事態に発展しました。このままでは、島が海に沈没してしまうかもしれません。

ついにはポリアフが力を振りしぼり、雪の厚いカーペットで山頂を覆うことに成功！　真っ赤に燃える溶岩流はみるみるうちに固まり、岩になってしまいました。

こうしてマウナケア山の炎は永遠に葬り去られ、それ以降、マウナケアが噴火することはついぞありませんでした(2)。以来、マウナケア山の鎮座するハワイ島北部は雪の女神ポリアフの支配する領域に、活火山であるキラウエア火山やマウナロア山(3)のある島南部は火山の女神ペレの領域となり、いまに至っています。

ちなみにマウナロア山は今も活火山とみなされていますが、その山頂に時々雪が降るのは、ポリアフがペレの領域に手を出しているからだそうです。人々に畏れられるペレも、ポリアフの威力には叶わないのかもしれません。

（1）マウナケア山は標高4207メートル。マウナロア山は4169メートル。ハワイ島には、富士山より高い山が二つあることになります。
（2）マウナケア山が最後に噴火したのは6000年から4000年前とされ、今では死火山とみなされています。
（3）マウナロア山はしばしば噴火し、最近では1984年に噴火。またペレが住まうキラウエア火山は世界で一番活発な火山とも呼ばれ、2018年5月の噴火は、世界的なニュースになりました。

【コラム】ハワイの人々とペレ

火山の権化、ペレ。遠い昔、ハワイの外から旅して来た人々がハワイ島で爆発する火山を見て畏れ、ペレ神話が生まれたという説については、章の冒頭でふれた通りです。

その一方で、「ペレは、タヒチから一族を引き連れてハワイにやって来た勇敢な先祖の神格化だ」と信じる人々も、ハワイ島を中心に多いのです。そういった人々によれば、その先祖はリーダーシップに長けた強靭な女性で、代々、子孫に崇められ語り継がれるうち、神格化されたのだそうです。

たとえば有名なフラの師、フランク・ヒューエット氏がその１人です。ヒューエットさんの一族には、その女性から連なる長い系譜が伝わっているということです。

そんな背景もあって、ペレはハワイでただ恐ろしい神とみなされているわけではありません。（火山活動を通じて）ハワイの自然を創りあげた崇高な存在であり、先祖であると考える人も多いのです。

ハワイ史上、溶岩流が村を襲う出来事はしばしば起こっていますが、たとえば２０１８

年5月のキラウエア火山の大噴火の際にも、一部の人々は家を焼かれながら「自分たちはペレの土地に住んでいる。ペレが出ていけというなら、それに従うほかない」「これはペレが創った大地だ。ペレも時々、大掃除しなければならないのだろう」と諦観していました。

自然とともに生きてきたハワイアンは、自然には太刀打ちできないことを誰よりも知る民族であり、そんな信条が、ペレ信仰にも顕れているのかもしれません。

第5章

英雄、半神マウイ

半神マウイの母は月の女神ヒナ、父は人間のアカラナ。そのためマウイは純然たる神ではなく半神ということになります。

とはいえ、マウイは人間のためにさまざまな偉業を果たした英雄であり、ハワイで敬愛される存在です。ちょうどギリシャ神話上、神から火を盗んで人間に与えたプロメテウスと、12の難行を成し遂げたヘラクレスを足して2で割ったような存在といえばわかりやすいでしょうか。実際に、人間に火をもたらしたこともマウイの偉業の一つです。

さらに第1章の「半神マウイ、島々を釣り上げる」で紹介したように、ハワイ諸島を海から釣り上げたことも、マウイの偉業に数えられています。

マウイ神話はハワイに限らずポリネシア中に残り、タヒチなどフランス領ポリネシア、ニュージーランド、そしてハワイが、マウイ信仰の中心地とされています。

マウイ、空を持ち上げる

人間思いのマウイ(1)の偉業は多々ありますが、そのうちの一つは、低く垂れこめていた空を、天高く持ち上げたというもの。怪力の持ち主マウイが、空を押し上げること三度。今のように高く澄んだ青空が、ハワイに出現したそうです。

大昔のこと。ハワイの空はまだ大地からしっかり分離されておらず、低く垂れこめていました。そのため雲が常に頭上を覆っていたので、この世はいつも薄暗かったのです。しかも空があまりに低いので人間たちは直立して歩くことができず、どこに行くにも赤ん坊のように這って進まなければなりませんでした。

植物も同様です。木々は天に向かって伸びることができなかったので、空につかえた後は、空に沿って横に伸びる有り様です。こうして日々、空に向かってぐいぐい押しつけられたお陰で、木の葉は今のように平たくなったといわれます。

そんな人間界の様子を、しばらく眺めていたマウイ。

「人間たちのために何とかしなければ」

ある日そう呟くと、空を高く持ち上げることを決意しました。怪力のマウイにできないことはありません。足をしっかり開いて大地を踏みしめると、空を肩にかけてグッ！　とひと押し。空と大地の間がかなり広がり、人間たちは直立して歩けるようになりました。マウイはさらに、両手で空をもうひと押し。空がいっそう高くなり、それまで折れ曲がっていた木々が、ピン！　と直立しました。

最後にマウイが渾身の力を込めて空を押し上げると、今まで空に押しつぶされていた雄大な山々が出現したのでした。

ようやく空が高くなったお陰でこの世が明るくなり、人間たちは大喜び。雲が遠のいた結果、雨も少なくなりました。それまでは空の一部に常に雨雲が垂れこめ、激しい雨を地上に注いでいたのですが、雲すらマウイを恐れてなかなか空を降りてこなくなったからです。

こうしてマウイのお陰で空は高くなり、鳥たちも自由に飛び回れる、明るい世界が完成しました。

（1）ハワイ諸島で2番目に大きなマウイ島の名は、半神マウイの名を取ったものとも、ハワイ諸島を発見したという伝説上の酋長ハワイロアの息子マウイの名を取ったものとも言われます。もっとも、ハワイロアの息子の名自体が半神マウイにちなんで名づけられたとの説もあるので、後者の場合も、半神マウイにちなんだ命名と考えていいのかもしれません。

マウイ、太陽を懲らしめる

マウイ島ハレアカラ山といえばマウイ島の最高峰。このハレアカラ山にも、マウイが太陽を相手に大暴れしたという痛快な物語が残っています。

今では想像もできませんが、昔、ハワイの日照時間は短く、人間たちは困っていました。日光が足りないので作物の育ちも悪く、野菜も果実も、収穫するまでに何年もかかります。漁師もろくに漁をする時間がなく、手ぶらで陸に戻ることが多かったのです。

それもこれも、太陽が怠け者だったからです。太陽は寝床を出るやいなやすばやく天を翔け、さっさと寝床に戻るのが常でした。

怠け者の太陽のせいで人間たちが苦労するのを、永年見ていたマウイ。母の女神ヒナ(1)も、日々嘆いていました。

「お陽さまがすぐ隠れてしまうから、カパが全然乾かないわ……」

カパとは、ワウケの木の皮を水に浸して叩く作業を繰り返し、薄く伸ばすことで作る布状のもの。ヒナはカパを乾かそうと毎日干すのですが、なかなか乾かず困っていたのでした。

そんな母の様子を見て、マウイは1人、決断します。

「もっとゆっくり空を翔けるよう、太陽に直談判しよう」

そこで毎日じっくり太陽を観察し、太陽はいつもハレアカラ山からやって来て、ハレアカラ山に帰ることを突き止めました。

「これから怠け者の太陽を懲らしめに行ってくるよ」

ある日、マウイが母にそう告げると、母は心配して言いました。

「太陽は手強い相手よ。きっとたいへんな戦いになるでしょう。行くなら、まずハレアカラ山の火口に住むおばあさんに相談してごらん。おばあさんなら、太陽をやっつけるための秘策を知っているでしょう」

実はマウイは、祖母に会ったことがありませんでした。ヒナによれば祖母はほぼ盲目で、太陽のためバナナを調理する仕事を担っているとのこと。

ヒナが続けます。

「ハレアカラの火口に大きなウィリウィリの木がある。おまえは木の陰に隠れて、ニワトリが3回鳴くのを待ちなさい。その時、おばあさんがバナナの房を持ってやって来るから、隙を見てそれを盗むのよ。やがておばあさんはおまえに気づくでしょう」

ヒナはそう言うと、太陽と戦う武器として、太いロープを15本、マウイに手渡しました。

さっそくマウイはハレアカラ山の火口に出かけ、すぐにウィリウィリの木を発見しました。木の陰に潜んでいると、本当にニワトリが３回鳴き、祖母がやって来るのが見えます。その手にはヒナの言った通り、バナナの大きな房を持っていました。  

マウイがしばらく見守っていると、祖母は房からもいだ数本のバナナを地面に置き、調理の準備を始めました。その隙にバナナを隠したマウイ。ですが目の悪い祖母は怪訝な顔をしただけでマウイには気づかず、また房からバナナをもぎ、地面に置きました。それをまたマウイが隠し……と同じことが繰り返され、とうとう房からバナナがなくなってしまいました。すると、

「誰じゃ、私のバナナを盗むのは！」

ついに祖母は癇癪を起して鼻をひくひくさせ、ウィリウィリの木に隠れていたマウイを見つけたのです。

「私のバナナを盗んだのはおまえかい？　おまえは誰じゃ？」

マウイは祖母の前に進み出て、

「僕はヒナの末っ子マウイです。おばあさんに会いに来ました」

ことの顛末を語り、祖母の助けが必要であることを説明すると、祖母は喜んで太陽を捕獲するための秘策を授けてくれました。

「太陽はバナナを食べに、いつもここにやって来る。おまえはウィリウィリの木の後ろに隠れて待ち、太陽の足が火口に伸びてきたら、ロープで捕まえるんだ。太陽は16本の足を持っているから、私がもう1本、ロープをあげよう。この石斧も使いなさい。足を全部ロープで捕まえたらウィリウィリの木に縛り、石斧で殴るといい」

その後、祖母の助言通りにマウイがウィリウィリの木の陰で待っていると、やがて太陽の足が1本、火口に伸びてきました。それを素早くロープで捕まえ、同じように残る15本の足を次々捕まえると、太陽をウィリウィリの木に縛りつけることにまんまと成功しました！

それでも太陽は逃げようともがきますが、ロープでしっかり木に結ばれているので、逃げることができません。最後には大暴れしてマウイに飛びかかろうとしたので、石斧でひどく殴られてしまいました。

「助けてくれ！　降参だ！」

懇願する太陽をマウイは睨みつけ、叱り飛ばしました。

「おまえがアッという間に空を翔け、寝床に戻ってしまうから、人間たちは困っている。作物も実らないしカパだって乾かない。作業する時間が短すぎて、いつまでも仕事が終わらないんだ。もしおまえがもっとゆっくり空を渡ると約束すれば、命は助けてやろう」

「わかった、わかった！」

太陽はマウイの条件を受け入れ、今後はもっとゆっくり空を翔けることを約束しました。

以来、ハワイの日照時間は長くなり、果物もたわわに実れば、カパも１日で乾くようになりました。漁師も日がな１日、海に出られたので、毎日たくさんの魚を村に持ち帰れるようになり、村人はみな、マウイに感謝したということです。

ちなみにハレアカラとは、ハワイ語で「太陽の家」を意味します。今も昔も、ハレアカラ山は、太陽の寝床なのです。

（１）月の女神ヒナはカパ作りの名手とされています。今も月でカパを作り続けていると信じられています。

【コラム】　ポリネシア全域の英雄、マウイ

マウイ神話はハワイでも地域性があり、東マウイ、西マウイ、カウアイ島、ハワイ島ヒロ、オアフ島などに、その土地バージョンの物語が存在します。

「マウイ、太陽を懲らしめる」もその一例です。ハワイ語で「太陽の家」を意味するハレアカラ山（マウイ島）が太陽の寝床として登場するため、マウイ島特有の物語かといえばそうでもありません。オアフ島西部のワイアナエにもハレアカラの丘（プウ・オ・ハレアカラ）と呼ばれる小山があり、そちらにも同様の神話が伝わっています。

つまり日本におけるダイダラボッチ伝説と同じように、ハワイ各地にマウイの冒険物語が残っているというわけです。

さらにマウイ神話がポリネシア各地に伝わることは、第3章のコラム「ポリネシアとは？」ですでに述べた通りです。「マウイ、太陽を懲らしめる」もタヒチを含むソシエテ諸島やニュージーランドに似た神話がありますし、「マウイ、空を持ち上げる」については、サモアに似た神話があります。

また第1章で紹介した「マウイ、島々を釣り上げる」も、サモアやトンガ、ニュージーランドに同様の話が残っています。

ココナッツアイランドの伝説

ハワイ島東部の海辺の街ヒロにも、有名なマウイ神話が残っています。ヒロ湾に浮かぶ愛らしい小島、ココナッツアイランド(1)は、元々マウイ島の一部だったとか。それが半神マウイの試みによって、ヒロ湾に引き寄せられたのだそうです。

遠い昔、ハワイアンはカヌーで島々を旅していたため、隣の島を訪ねるのもひと苦労でした。時には島と島の間で暴風雨に遭い、二度と帰らぬカヌーもあったのです。

一方、マウイはどんな遠くにでも一かき、二かきで行ける魔法のカヌーを持っていたので、難儀している人間たちを見ながら、いつも気の毒に思っていました。

「島々がくっついていれば、もっと旅が楽になるのに……」

第1章の「半神マウイ、島々を釣りあげる」で記したように、元々は大陸だったハワイ(2)。もしかしたらマウイは、自分が海から釣りあげた際に落として大陸が粉々になったことを、長いこと悔いていたのかもしれません。

そんなある日、マウイは妙案を思いついたのです。

「そうだ！　カヌーで島を引き寄せて、もう一度、一つの大陸にしよう」

その頃ハワイ島に住んでいたマウイは、さっそくハワイ島各地から力自慢の男たちを集めることにしました。そして必要な人数が揃うと、男たちに宣言。

「これから島々をカヌーで引き寄せて、一か所に集めることにする。まずは隣にあるマウイ島を、ハワイ島にくっつけるとしよう」

さっそく、どんな獲物も引っかける魔法の釣り針、マナイアカラニをマウイ島の先端に引っ掛けると、カヌーに乗った力自慢の男たちに命令しました。

「よし、このままカヌーを漕いで、ハワイ島に向かってくれ。ただしマウイ島を引っぱっている間、絶対に後ろを振り返ってはいけない。振り返ったとたんに、釣り針の魔力が消えてしまうからな」

そこで男たちがマウイの言いつけ通りにカヌーを漕ぎ始めると、マウイ島がゆっくり、ゆっくり、動き始めました。力

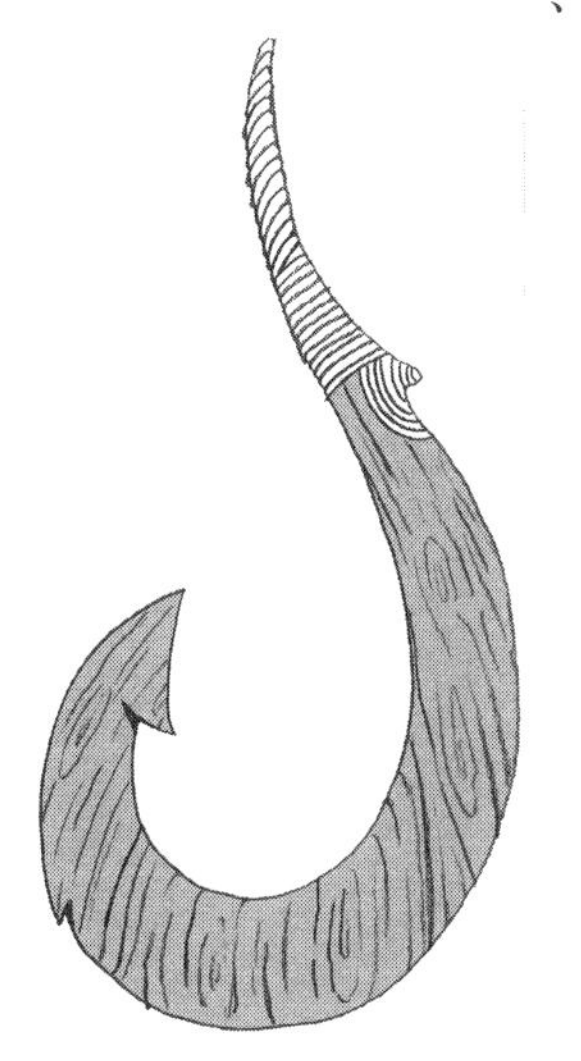

自慢の男たちは大汗をかきながら漕ぎ続け、いつしかマウイ島は数十キロも移動。そしてもう少しでハワイ島にくっつく……というその時です！　何を思ったのか、1人の男が後ろを振り返ってしまいました。

「あ、振り返っちゃいけない！」

マウイは大声で男を叱りましたが、すでに手遅れでした。あっという間に釣り針の魔法が解け、ハワイ島のすぐ近くまで迫っていたマウイ島は、するすると元の場所に戻っていってしまったのです。マウイがどれほどガッカリしたかは、言うまでもありません。

ところが、その際、魔法の釣り針が引っかかっていたマウイ島の先端だけは、ヒロ湾にポツンと残されていました。それが今もヒロの海岸からほんの数十メートル沖に浮かぶ、ココナッツアイランドなのだそうです。

……もしもあの時、1人の男が振り返らなかったら。今頃マウイ島とハワイ島は、地続きになっていたはずなのでした。

（1）ココナッツアイランドは、歩いて5分ほどで一周できる小島。古来、癒しを司る神官が癒しの儀式を授けた島として知られ、昔はモクオラ（ハワイ語で命の島、癒しの島の意）と呼ばれていました。ハワイ島指折りの聖地として、島最高峰のマウナケア山などと並びハワイ島郡の紋章にもデザインされています。

（２）ハワイが大陸だったというのは、あくまでも神話上での話です。ただしマウイ島、モロカイ島、カホオラヴェ島、ラナイ島の四島に関しては、約１００万年前、一つの島だったことがわかっており、そのためこの四島を「大マウイ（マウイ・ヌイ）」と称することがあります。

マウイ、火の秘密を探る

大昔、火を持たなかったハワイアンに火をもたらしたのも、マウイだそうです。マウイのお陰でハワイの人々は、風が吹き荒れる冷たい夜にも、温かな料理を食べられるようになったのでした。

太古の時代、ハワイアンは火を起こす方法を知らなかったので、魚も野菜も生で食べていました。冷たい風の吹く夜も、暖をとることすらできません。火山からの溶岩流や落雷のため火が手に入ることがありましたが、貴重な火も、一度消えてしまえばそれっきりだったのです。

ところがある日マウイは、兄弟たちとカヌーで釣りに出かけるたび、山の方から煙が上がるのに気がつきました。

「また山から煙があがっている。なぜだろう」

マウイと兄弟たちは、どうしていつもその山から煙があがるのか、不思議に思っていました。時には釣りに出かけるのをやめ、急いで山に駆けつけるのですが、その頃にはもう、煙は見えなくなっています。ですがそんな時に山中で必ず見かけるのが、アラエウラという鳥たちでした。

アラエウラはハワイ固有の水鳥で、額とくちばしが真っ赤に染まっているほかは、カラスのように真っ黒です。なかなかすばしっこい鳥で、マウイが山に駆けつけると、まるで「たった今、火を消しました」というように、足元の土を引っかきながらニヤニヤしているのでした。

そんなことが何度も続いたある日。

「鳥たちは、俺から火を隠しているようだな」

そう確信したマウイは、兄たちと釣りに行く代わりに山を見張り、いったいどうやってアラエウラが火を起こすか見てやろうと思いたちました。ところがマウイが釣りに行かない日に限って、煙が見えません。何日も何日もマウイは木陰に隠れて鳥たちを見張っていましたが、同じ結果でした。それになのにマウイがカヌーで海に出ると、とたんに煙が上がるのでした。

「これはいったい、どういうことだろう」

不思議に思ったマウイがぶらぶら山を歩いていると、たまたまアラエウラの話し声が聞こえてきました。マウイが聞いているとも知らず、なんと鳥たちはマウイの噂話をしていたのです。

「今日は焼きバナナが食べられないぞ。あのヒナのすばしっこい息子が近くにいるはずだからな。火の守り神に言われたのを覚えているだろう？　人間どもに火の起こし方を教えてはいけないって。マウイが火の起こし方を知ったら、すぐに人間に知らせてしまうよ」

それを聞いて、マウイはようやく納得しました！　ずる賢いアラエウラは、沖に出ていくカヌーをじっと観察していたのです。そしてカヌーにマウイの姿がない日には警戒し、火を使わないでいたのでした。

そこでマウイは、生意気なアラエウラに一杯食わせることにしました。カパで作った人形を自分に見せかけ、兄たちと一緒にカヌーに乗せて沖へと送り出したのです。一方、本物のマウイはカヌーではなく、アラエウラが住む山に息を殺して潜んでいました。

マウイの策略はあたり、陸からカヌーが見えなくなるやいなや、アラエウラはそそくさとバナナを集め始めました。今日も美味しい焼きバナナを食べようと、鳥たちはいそいそ、嬉しそうでした。

「さあ、準備は整った。早く火を起こそう！」

そしてついに1羽のアラエウラが、そんな声を上げた時のこと。突然、木の陰からマウイが飛び出したからたいへんです！

「やっぱり、おまえたちは火の起こし方を知っていたんだな！」

鳥たちはパニックを起こし、右に左に逃げ回っています。マウイはそのうちの一羽を捕まえ、言い渡しました。

「火の起こし方を教えるまで、おまえの首を放さないぞ」

鳥はもがいて逃げようとしましたが、怪力のマウイに叶うはずはありません。

「わかった、わかった！　命を助けてくれれば火の秘密を教えるよ。私が死ねば、火の起こし方もわからずじまいだよ」

鳥はさっそくマウイに火の起こし方を教えましたが、その通りに水草をこすり合わせてみても、煙はまったく立ちません。怒ったマウイは抑えつけていた鳥の首を、さらにきつく締めあげます。

「わかった、わかった！　命を助けてくれれば火の秘密を教えるよ。私が死ねば、火の起こし方もわからずじまいだよ」

生意気な鳥は同じ言葉を繰り返し、今度はタロイモの葉をこすり合わせるようにマウイに告げました。マウイはさっそく試してみたものの、火を起こすことはできませんでした。

マウイがさらに怒ると、鳥はバナナの幹をこすり合わせるよう言いましたが、それもまた真っ赤な嘘なのでした。

こうして度重なる嘘をつかれ、怒り心頭に発したマウイ。鳥の首に添えた手にいよいよ力がこもると鳥は降参し、

「白檀の木とハウの木をすり合わせれば、火が起こるよ」

ようやく火の起こし方を、マウイに告白したのでした。

その後、マウイは火の秘密を人間に伝え、以来ハワイアンはいつでもどこでも、必要な時に火を起こせるようになりました。寒い夜には火を囲んで暖をとり、魚や野菜を好きなように調理できるようになったのも、すべてマウイのお陰なのです。

余談ですが、生意気なアラエウラの額からくちばしが、なぜ赤く染まっているかといえば、こんなわけがあります。白檀とハウの木をこすり合わせ、やっと火を起こすのに成功した時、自分を騙し続けた罰に、マウイは火のついた木の枝をアラエウラの額からくちばしにかけてこすりつけたのです。

そのためアラエウラの顔の一部は、今も真っ赤に染まっているのだそうです。

【コラム】
映画「モアナと伝説の海」の投げかけた波紋

半神マウイといえば、日本では、２０１６年のディズニー映画「モアナと伝説の海」の登場人物としてお馴染みかもしれません。

映画の筋を簡単に紹介しますと、大昔、母なる島の女神のハートをマウイが盗んだため、太平洋の島々の自然が死に始めます。そこで海に選ばれた少女モアナは、マウイを見つけてハートを島の女神に返すため、冒険の旅に出発。マウイを見つけだし、２人の珍道中が始まる――というのが物語の大筋でした。

もっとも、物語自体はディズニーの創作であり、舞台となった島も架空の島とされています。それでも映画ではポリネシアの美しさがリアルに描写され、島々の風物や文化もしっかり描かれていたので、映画はハワイでも大ヒット作となりました。

ところがそのなかで、不満が噴出した点が一つだけあったのです。それが、ほかならぬ半神マウイの描写でした。これまで述べてきたように、マウイはポリネシア全域の英雄。若くハンサムなマウイ像を抱く人がハワイでも多いのですが、それを見事に裏切ってく

れたのが、映画中のでっぷりとしたマウイでした。

1997年のディズニー映画「ヘラクレス」と比較し、「ヘラクレスはあんなにハンサムに描かれていたのに。このマウイは、ハリウッドの典型的なポリネシア人像ではないのか」との声が、ハワイをはじめポリネシアの島々から相次いだのです。

この逸話一つをとっても、いかにマウイがハワイ&ポリネシアで愛されているかがよくわかると思うのですが、いかがでしょうか？

第6章

イノシシの化身、カマプアア

ハワイには英雄マウイに限らず、多くの半神が存在します。イノシシ（野ブタ）の化身であるカマプアアもその1人。ある時は燃える八つの目を持ったイノシシ、ある時は豚のようにとぼけた顔をした魚、またある時は人間の酋長として人前に姿を現し、しかも背が高くてたいへんなハンサム。毛深く、入れ墨が身体中を覆っているという人もいます。

ただしその気性は荒々しく、女好き。人を襲ったり女性を追い回すカマプアアの伝説が、ハワイの島々で知られています。日本神話のスサノオノミコトにもやや似た粗暴な神、それがカマプアア。同じ半神ながらマウイとは対極の存在といえそうです。

イノシシの神と聞くとユニークな響きがありますが、ハワイで一番大きな陸上の生物がイノシシであることを考える時、狂暴で人々に恐れられたカマプアアの神話が生まれた背景が見えてくるでしょう。

カマプアアの生い立ち

カマプアアはタヒチで生まれハワイに移ってきたとも、ハワイ生まれだともいわれています。カマプアアにちなむ伝説はハワイ各島に残っていますが、その中心地がオアフ島東部。ある伝説ではカマプアアはハウウラ地区のカルアヌイで生まれ、カリウヴァア渓谷で育ったとしています。

昔々、マウイ島からオアフ島東部のコオラウ山脈の麓に、ヒナという美しい女が家族とともに移って来ました。ヒナは月の女神ヒナとは別の女性ですが、同じくらい美しく、その母カマウヌアニホはタヒチの王族の一員でした。

カマウヌアニホはまた神官でもあり、呪文を唱えて魔術を使うことができました。もしかしたらカマウヌアニホは、神官というより女神、もしくは半神だったのかもしれません。

一方、ヒナの父はマウイ島出身(1)の王族でした。

ヒナは母、兄たちとともにカヌーでオアフ島カイルア近くに到着し、後にオアフ島東部

を支配していた酋長オロパナに見染められ、妻になることになりました。

やがてヒナは3人の息子を生んだのですが、その父はオロパナではなく、オロパナの弟だというのが通説です。これはヒナがハンサムな義弟と情事を持ったためとも、オロパナとの婚姻を前に、弟にさらわれる形で結婚したからだとも囁かれています。

いずれにしろオロパナは年老いた男だったので、ヒナとの間に子供をもうけるのは難しかったようです。

ヒナの息子3人のうち、カマプアアは年の離れた末っ子でした。その出生時から、カマプアアは何かとトラブルに見舞われていました。たとえば生まれたばかりの末弟に嫉妬した長男が、母の沐浴中にカマプアアを山に捨てようと画策。母が慌ててそれを止めるという出来事がありました。

カマプアアはその時、自分に危害が加えられようとしているのにも気づかず、イノシシの赤ちゃんの姿ですやすやと眠っていたとか。生まれたばかりの赤ん坊は、なんとイノシシに変化（へんげ）できる半神だったのです。そのため、赤ん坊はカマプアア（イノシシ、豚の子供）との名で呼ばれるようになりました。

ところが、その姿のためなのでしょうか。義父のオロパナは、カマプアアだけは手元に置くのを嫌がったのです。

「これは豚の子供ではないか！」

ひと目見るなり、カマプアアを遠ざけようとしました。

そのため、母方の祖母に預けられることになったカマプアア。祖母はその頃、コオラウ山脈のカリウヴァア渓谷の洞窟で暮らしていました。祖母は神官ですから、イノシシの姿のカマプアアをひと目見るなり、間違いなく自分の孫であることがわかったのでしょう。喜んでカマプアアを引き取ったということです。

こうしてカマプアアは両親や兄弟とも離れ、山奥で暮らす祖母の元で成人することになったのでした。

（1）祖父がマウイ島出身であることから、マウイ島でもカマプアア信仰は強く、珍しいカマプアアの神像もマウイ島で発掘されています。

カマプアア、村々を略奪する

祖母のもとで暮らしていたカマプアアは、やがて近隣の村々で悪さを繰り返し、オアフ島で悪名を馳せる存在となりました。若き日のカマプアアの悪行について、次のような物語が残っています。

カマプアアはカリウヴァァ渓谷で祖母に育てられ、すくすくと成長しました。年老いた祖母の面倒をよく見る祖母想いの孫ではありましたが、その反面、たいへんな乱暴者でもありました。

付近の家々でも悪さを繰り返し、たとえば祖母が床についた後は毎晩、近隣の人たちが大切に育てるタロイモを根こそぎに。翌朝の食卓にのせたり、素知らぬ顔で自分の家の畑に植えかえたりする始末でした。

「あの子は、どこからこんな立派なタロイモを収穫してくるのだろう」

祖母は不思議に思いながらも、カマプアアの運んでくる食物に感謝しながら暮らす日々でした。

そんなある日のこと。遠くの長兄の住まいまで出かけ、盗みを働いたカマプアア。兄はイム（地中に作る石焼きの釜戸）でニワトリを蒸し焼きにしていたのですが、カマプアアはイムを掘り起こし、まんまとニワトリを盗みだしたのです。

ところが逃げ出す前にカマプアアの悪行が露見し、兄はかんかんに怒ってカマプアアに申し渡しました。

「もしおまえが盗人なら、今日からおまえは弟ではない。二度と俺の家に近づくな。消え失せろ！」

そしてもう一言、付け加えたのです。

「家族の縁を切る前に、父親の家から何でも好きなものを持っていけ」

兄がなぜそんなことを言ったのかは、わかりません。家族の誰からも厭われるカマプアアを気の毒に思ったのかもしれませんし、もしかしたら、ただの嫌味として言い放った言葉だったのかもしれません。

ですがとにかくカマプアアは兄の言葉を真に受け、さっそく義父オロパナの住居を目指したのです。

間もなくオロパナの家に到着したカマプアアは、庭を眺めて目を輝かせました。オロパナの家には、兄の家よりもっと多くのニワトリが飼われていたからです。カマプアアは手あたり次第にニワトリを殺し、庭を滅茶苦茶にした(1)うえ、持てるだけのニワトリを抱えて祖母の待つ洞窟へと帰っていきました。

その夜、何も知らない祖母と家族はご馳走を囲み、宴会を楽しんだということです。

カマプアアの略奪は、その後もとどまるところを知りませんでした。ある時はまたオロパナの家にこっそり忍びこみ、オロパナが神聖視する特別なニワトリや、フクロウを盗んだからたいへんです。オロパナはついに軍勢を送り、カマプアアを追いたてることにしました。

追っ手が近づいているのを知ったカマプアアは、洞窟の住居から飛びだし、カリウヴァア渓谷の奥へと逃亡しました。高台にある大きな岩の上に座って谷間を巡る捜索隊をじっと観察していましたが、岩は背の高い草に囲まれていたので(2)、捜索隊からはカマプアアが見えません。

ところが1人の男が高い尾根からカマプアアを発見し、叫びました。

「いたぞ。あの岩の上に隠れている！」

そう叫んだとたん、男はカマプアアの神通力で岩に変えられてしまったそうです。

一方、男の叫び声を聞いた仲間は岩に直行し、岩の上に寝そべる黒く巨大なイノシシを見つけました。

「これはイノシシに姿を変えたカマプアアに違いない。さっそくオロパナさまに届けるとしよう」

男たちはイノシシを追いたてようとしましたが、イノシシは一歩も動きません。そこでやむなく、棒に縛りつけて担いでいくことに。イノシシは重くて重くて、何人もの男が力を合わせてやっと持ち上がるほどでした。実はこの時、カマプアアは神通力によって自分の身体を岩のように重くしていたのです。

こうしてカマプアアを担いだ男たちが、よろめきながら歩を進めていたその時です。祖母の叫びが突如、渓谷に響き渡りました。

「ロープをちぎっておやり！　暴れてロープを切るんだ。棒を砕くんだ！」

祖母の言葉に力を得たカマプアアは、とたんに大暴れ（この時、祖母が呪文を唱えてカマプアアを解き放ったともいわれます）。こうしてカマプアアは敵の手から逃れ、再び祖母の洞窟へと逃げ帰ることができたのでした。

その後もカマプアアは略奪を繰り返し、しかもオロパナにとって始末の悪いことに、一帯の無法者が1人、また1人と、カマプアアの元に集まってきたのです。男たちはカマプアアの手下となって数々の略奪行為を働き、コオラウ山脈近郊の村を恐怖に陥れていきました。カマプアアは、今でいう山賊の首領のような存在だったのです。

その無法者の一団に対し、オロパナは４００人もの戦士を送って追いたてましたが、カマプアアは半神としての神通力を使い、あの手、この手で追っ手を撃退。絶壁に追いつめられ、絶体絶命の危機に陥った際には、イノシシに変化したカマプアアが身体をぐーんと伸ばして橋になり、手下を逃がしてやりました。

カマプアア自身はそのまま追っ手に捕まったのですが、捕まるたび、大暴れして逃げるのが常でした。

こうして、義父のオロパナとの追跡劇が続いたある日のこと。このままカリウヴァア渓谷にいては常に追われる身であることを悟ったカマプアアは、コオラウ山脈を越えて新天地へと移ることにしました。

もっとも祖母を連れての山超えは、簡単にはいきません。この時、カマプアアは祖母を背負って絶壁を登り、ついに真珠湾へと続く山の反対側の平地に祖母を逃がしたといわれます。乱暴者のカマプアアも、親に厭われた自分を育ててくれた祖母には、恩義を感じていたのでしょう。

その後、カマプアアはそのままカリウヴァア渓谷に残り、敵軍に捕まって危うく渓谷近くの神殿で生贄にされそうになったものの、神殿で逆にオロパナを殺害します。そのまま祖母や手下の一団に合流し、オアフ島西部のワイアナエ山脈に逃れることに成功したのでした。

一団は新天地でも略奪行為を続け、今度はワイアナエ山脈一帯で、恐怖の的となったということです。

（1）土地を手あたり次第に荒らすカマプアアの行為は、イノシシの化身としての特徴を表しています。
（2）この出来事の後、岩はポハクペエオカマプアア（カマプアアの隠れた岩）と命名されました。

カマプアの泉

粗暴なカマプアアのもう一つの特徴は、大の女好きというものです。女性を追いかけまわしてはトラブルを起こすカマプアアの伝説が、数多く残っています。ここではオアフ島でカマプアアが起こした、そんなトラブルの一つを紹介しましょう。

昔々、オアフ島ホノルルのモイリイリを歩いていたカマプアアは、２人の美女がマノア渓谷の方角から歩いてくるのを見つけました。

さっそくカマプアアは２人に声をかけましたが、２人はそれがカマプアアであることを即座に見抜き、顔をしかめて男を無視しました。なぜなら男は確かにハンサムでしたが、身体全体が刺青に覆われています。しかも豚の皮で作った粗末な衣を肩と腰にまとっていたので、「この男はカマプアアに違いない！」とすぐに確信したのでした。

「あれはカマプアア。乱暴者よ。さっさと行きましょう」

「返事をしてはダメよ。しつこくされるから」

お互いに囁きつつ、早足で逃げていく女性たちをカマプアアは執拗に追いかけましたが、この2人も実は女神だったのです。カマプアアの手が2人にかかりそうになった瞬間、2人は神通力を使って地中に潜ってしまいました。

ですが、そこで諦めるカマプアアではありません。巨大なイノシシに変身すると、1人の女性が消えたあたりの土を牙でずんずん掘り返し、地下の珊瑚層も突き破って、女性を追いかけていきました。

と、その時です！　急に珊瑚層から水が噴き出し、危うくカマプアアは溺れ死ぬところでした。カマプアアの追跡をはばむため、地中に隠れた女性がカマプアアの掘った穴から地下水を噴出させたのです。

そんな危険な目に遭っても、カマプアアは諦めません。今度はもう1人の女性の後を追って、マノア渓谷へと突き進んでいきました。

ところが女性の消えた地点を掘っていくと、またもや大量の水が噴き出したので、さすがのカマプアアも降参。命からがら、逃げていきました。

ちなみにこの時に2人の女神が湧き出させた二つの泉は、長いことモイリイリの住民を潤わせ、「カマプアアの泉」として知られるようになったということです。

カマプアアと女神ペレの愛憎劇

カマプアアは、火山の女神ペレとも激しい愛憎関係にあったとされています。お互いに惹かれあったのは確かですが、激しい気性で知られる2人が、夫婦として幸せに暮らせるわけもありません。ハワイ島でペレとカマプアアが戦ったという、次のような物語が残っています。

悪行を重ね、ついにオアフ島を追われたカマプアアは、フムフムヌクヌクアプアアに変化（へんげ）してハワイ島にやって来ました。

しばらくは人間の姿で気楽な日々を送っていましたが、そのうち村の男たちから「火山地帯に絶世の美女がいる」との噂を聞きつけたカマプアア。噂の美女を手に入れようと、ある日、火山地帯に向けて出発しました。

「火山地帯にいる絶世の美女」とは、言うまでもなく火山の女神ペレのことです。カマプアアが自分を狙って近づいていることも知らず、その夜もペレは一族とともに、キラウエア火山のハレマウマウ火口で深い眠りについていました。

翌朝、火口から出てきたペレの妹たちは、容姿のいい見知らぬ男が溶岩平原を歩いてくるのを見つけました。

「なんて素敵な男性なのかしら。あの引き締まった身体を見てごらんなさい」

ところが騒ぐ妹たちに誘われて火口から出てきたペレには、ひと目でそれがイノシシの化身であることがわかったのです。

「あれは素敵な男性なんかじゃないわ。豚男よ。さっさと私たちの土地から出ていってもらわなければ！」

そこでペレは、大声でカマプアアに呼びかけました。

「ねえ、そこの豚男！　私たちの土地で何をしているの？　今すぐここから出ていってちょうだい」

さらに思いつく限りの罵詈雑言を浴びせ、カマプアアを嘲笑したのでした。

それを聞いたカマプアアは総毛立てて怒り狂い、ペレに怒鳴り返します。

「俺は豚ではない。山の裾野のプナに住む酋長だ。おまえこそ、その赤い燃えた目はなんだ！　おまえは女神と呼ばれるに値しない女だ」

自分から仕掛けた喧嘩にもかかわらず、一瞬で憤怒に燃えたペレが思わず地団駄を踏むと、とたんに大きな地震が起こりました。続けて火口から真っ赤な溶岩流が、カマプアアに向かって勢いよく流れ出します。

しかしカマプアアはまったく動じません。静かに両手を天に掲げて呪文を唱えると、瞬時に大粒の雨が空から降り注ぎ(1)、目の前まで迫った溶岩流を岩に変えてしまいました。

一方、妹たちはペレの言葉に耳を貸さず、今もカマプアアをハンサムな酋長だと信じこんでいます。ついには使者をやり、カマプアアを火口の住居に招き入れてしまいました。

ペレはもちろん半信半疑でしたが、妹たちのフラをカマプアアと一緒に見物しているうち、なんだか男が、世にもハンサムな酋長であるような錯覚を起こし始めていました。ついにカマプアアの魔力が、ペレの神通力をねじ伏せたようです。

「たとえイノシシの化身でもいいじゃない？　こんなにハンサムなのだから」

いつしかペレはカマプアアに恋をし、2人はキラウエア火山の麓のプナで、夫婦として暮らし始めたのでした。

しばらくは蜜月が続きましたが、そこは激しい気性で知られる2人です。じき盛大な喧嘩をするようになり、いよいよ死闘を繰り広げるのに、時間はかかりませんでした。

ある日、カマプアアの下品な言葉に怒り、大地震を起こしたペレ。地割れから盛大に吹き出した溶岩をカマプアアに差し向け、カマプアアを山から追いたてようとしました。カ

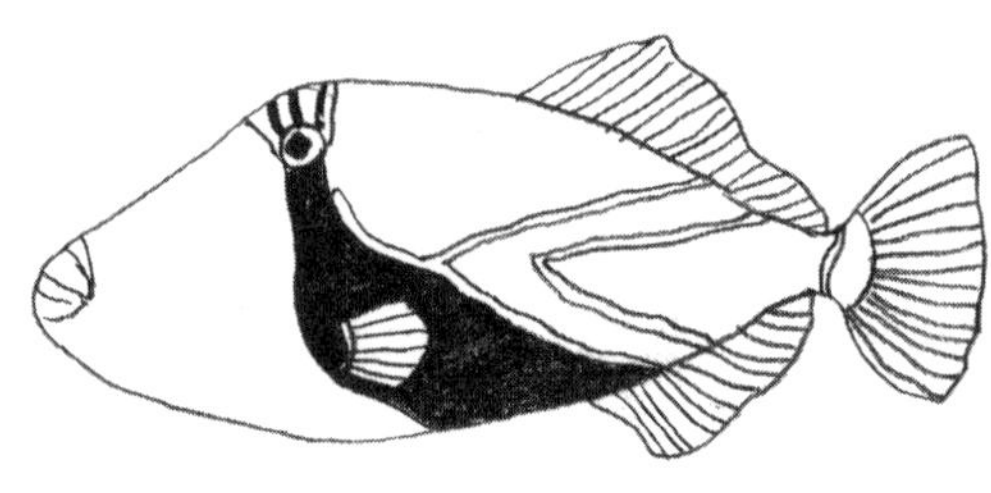

マプアアは海に逃れ、フムフムヌクヌクアプアアに変化(へんげ)して攻撃をかわすと反撃に転じ、海岸地帯で洪水を起こしてペレを追いつめていきます。

海水はいよいよキラウエア火山の頂きへと迫り、ペレはハレマウマウ火口に急行しました。火口の底では、ペレ一族が守り続ける命の炎が燃えています。激しい水攻撃で命の炎が消えかけ、ペレ自身も危うく溺れそうになったその時。やはりペレの一族である冥界の神々が、事態の収拾に乗り出しました。火や石、有毒なガスを地下から噴出してカマプアアを撃退し、ようやくカマプアアの水攻撃をかわすことができたのでした。

その後もひっきりなく、盛大な喧嘩と仲直りを繰り返した2人。気性的にずっと一緒に暮らすことはできなかったので、乾燥した風下の土地にペレ、湿って雨の多い風上の地(2)にカマプアアと、同じハワイ島で別れ別れに暮らすようになった(3)ということです。

（１）カマプアアは豊穣や雨の神ロノと深い繋がりがあるとされます（ロノとカマプアアは同族だとする説、カマプアアの一族はロノを崇拝していたとする説などがあります）。そのためカマプアアには、雨を自在に降らす力があると信じられています。

（２）じめじめした場所を好むのはイノシシの習性なので、カマプアアもこのような土地を好んだようです。

（３）一説によると、２人の間には男の子も生まれたとか。「その子こそがハワイアンの始祖になった」と主張する人々がいます。

【コラム】

カマプアアの子孫

愛すべき神とは言いがたいカマプアアですが、古来、ハワイでカマプアア信仰が根強かったのは紛れもない事実です。そのため、ハワイ各地に多彩なカマプアア伝説が残っているというわけです。

一部の伝説の内容はかなり具体的で、たとえばカマプアア伝説の本拠地であるオアフ島カリウヴァア渓谷には、カマプアア生誕地跡、祖母の暮らした洞窟、カマプアアが水浴びをした泉、敵に縛りつけられた岩、祖母が隠れた岩など、実に30か所近くのゆかりのスポットが残っています。

そんなことから推測できるのが、コラム「ハワイの人々とペレの関係」でペレについて記したのと同じように、「もしかしたらカマプアアにはモデルになった人物がいたのではないか」という可能性です。

その人物は山賊のような乱暴者で、一帯で恐れられた存在だったのかもしれません。そういった事実が、カマプアアの物語として後世に伝わったとも考えることができそうです。

実際、ハワイにはプアア（ハワイ語で豚、イノシシ）という名字を持つ家族が複数おり、自分たちはカマプアアの子孫だと主張しています。

第7章

ハワイの小人族、メネフネ

メネフネはハワイ神話上の小人族です。コロボックルのような愛すべき存在で、身の丈は60センチほど。森の奥深くや山奥に住むとされています。

メネフネは小柄ながらがっしりとした体形をしており、チームワークがよく、手先が器用な働き者。特に石細工が得意中の得意で、メネフネ族が一晩で造りあげたという石造りの神殿や養殖池が、ハワイ各地に点在しています。なかでもメネフネゆかりの遺跡が多く、メネフネ神話の本拠地とされるのがカウアイ島です。

メネフネ神話の生まれた背景については、「マルケサス諸島からハワイに移植したポリネシア人が、後にタヒチからやって来た大柄なポリネシア人に奴隷化され、メネフネ神話の元になった」、「カウアイ島に住んでいた小柄な一族がメネフネ族の起源だ」など、さまざまな説があります。

メネフネの造った水路

メネフネはふだん森や山奥で暮らしていますが、夜中にひっそりと山から降り、人間なら膨大な時間がかかる難しい仕事も、ひと晩で仕上げるとされています。ハワイ各地にメネフネが築いたといわれる石の建造物があるなか、最も有名なのがカウアイ島のキキアオラ水路でしょう。

昔々の大昔。カウアイ島西部のワイメア渓谷には大きな村が拓かれ、多数のハワイアンが暮らしていました。一帯には恵みの雨がよく降ったのに加え、渓谷を貫くワイメア川が、ハワイアンの主食であるタロイモの畑にたっぷり水をもたらしてくれたからです。

ところある年、ワイメア川の流れが変わり、水がうまくタロイモ畑に流れなくなってしまいました。タロイモが収穫できなければ、それは飢餓を意味します。そこでワイメアを治めていた酋長、オラは男たちに命じて水路を造らせようとしたのですが、慣れない仕事に、時間がかかるばかりでした。

実際、岩を遠くから運びこみ、必要であれば斧で形を整えて積み上げていく作業は、素人が簡単にできる仕事ではありません。作業はなかなか進まず、このままではその年の夕ロイモが全滅してしまう可能性すら出てきました。

そこでオラの側近である賢者ピーは、オラに素晴らしい提言をしました。

「石を使った建築ならば、小人族のメネフネに任せるのがよいでしょう。メネフネであれば、きっとひと晩で立派な水路を造りあげるに違いありません」

それを聞いてオラは喜び、メネフネの力を借りることにしました。さっそくピーを使者に仕立て、メネフネとの交渉を始めることにしたのです。

オラの依頼を受けたピーは、その日のうちにメネフネの王、パパエナエナを訪問。事情を説明すると、パパエナエナ王は仕事を引き受けるに当たり、ピーに三つの条件を出しました。

「まず、われわれが作業する夜には、人間も犬も鶏も、すべての生き物が物音を立ててはいけない」

一つめの条件をピーが了解すると、パパエナエナ王が続けます。

「二つめは、誰もわれわれの作業を覗いてはならないということだ。われわれは、人間たちの目に触れたくないのだ。もし誰かがわれわれの作業を覗くことがあれば、すぐにわれ

われは山に帰る。誰かが作業中に音を立てても同じこと。作業はそこで中断だ」

さらに三つめの条件は、作業が終わった後、メネフネのためにご馳走を用意するというものでした。

「メネフネ全員に、海老を1匹づつ用意してもらいたい」

メネフネ族は、海老が大好物なのです。

ピーから報告を受けた酋長のオラはすべての条件を快諾し、晴れてメネフネに、水路造りを依頼することになりました。

そしていよいよ、約束の夜がやって来ました。その夜はピーだけがワイメア川の畔で作業を見守り、ほかの人々は、じっと家にこもっていることに。「絶対に音をたててはいけない」というお触れも、もちろん村中に出されました。

こうして村中が静寂に包まれた深夜、月光のなかをメネフネたちが隊列を組んで山から降りてきました。やがてメネフネたちは山の石切り場から切り出した岩を手から手へと運び降ろし、最初にダムが完成。川の流れがうまく塞き止められたのを確認した後、きっちりと岩を重ねて水路を築き始めました。

作業は手際よく進み、夜明けの少し前、ついに立派な水路ができあがりました！　メネフネたちはピーから１人１人、約束の海老と、ティーリーフ(1)でポイ（タロイモを蒸して練った食物で、ハワイアンの好物）を包んだ小さな包みを受け取ると、満足して鼻歌を歌いながら、山へと引き揚げていったということです。

この水路は後にキキアオラ水路（オラの水路）、またはメネフネ水路と呼ばれるようになり、今もワイメア渓谷にその姿をとどめています。

余談ですが、メネフネたちはこの時ピーが用意したご馳走が、よっぽど嬉しかったのでしょう。帰路を歩むメネフネたちの鼻歌はそれは大きく、隣のオアフ島まで響き渡った(2)とか。鼻歌が海を越えて隣の島に届くほど、メネフネたちはご機嫌だったというわけです。

（1）ティーリーフは高さ3、4メートルのクサスギカズラ科の植物。幅10センチはある長い葉は食べ物を包んだり、衣類作りにも使われました。また霊的な浄化作用のある、神聖な植物ともされています。

（2）この時の出来事を元に、「カウアイ島プウカペレのメネフネの鼻歌が、オアフ島コオラウポコのカウァイヌイ湿原の鳥を驚かす」という表現が生まれました。プウカペレとは、メネフネの住んでいた地域。コオラウポコはオアフ島東部のコオラウ山脈沿いにある土地の名前です。

アレココ養殖池の伝説

キキアオラ水路と並んで名高いカウアイ島のメネフネ遺跡に、アレココ養殖池(1)があります。キキアオラ水路と同じメネフネたちが手がけましたが、こちらは未完のまま。依頼主が約束を破ったためメネフネたちは一斉に山に引き上げ、二度と戻らなかったということです。

昔々、カウアイ島南東部のナヴィリヴィリ港の近くに、アレココとカララレフアという兄妹(2)が暮らしていました。2人は王族で、フレイア川北岸の村を兄が、南岸の村を妹が治めていました。

ある日のことです。2人は、フレイア川を利用してそれぞれ養殖池を造ろうと思いたちました。そうすれば村人たちに、いつもお腹いっぱい魚を食べさせることができます。荒れた海に無理やりカヌーを出す必要もなくなるでしょう。

すぐにでも建築を始めたいところですが、2人の村には、そんな大仕事を任せられる職人はいません。どうしたものかと思案していると、2人の耳に、ワイメアの酋長オラがメネフネに造らせた立派な水路の噂が聞こえてきました。そうです、カウアイ島でそういった大がかりな石造りの建造物を造るとなれば、作業を任せる相手は決まっています。

「この仕事はメネフネ族に任せるとしよう」

「そうしましょう！」

2人はすぐにメネフネ族の王、パパエナエナの元に神官をやり、養殖池の建設を依頼することになりました。

パパエナエナ王は養殖池の建設を了承する代わり、いくつかの条件を提示しました。いわく、

「われわれが一つの仕事にかける時間は一晩だけだ。もしその夜のうちに完成しなかったら、それっきり。もう仕事に戻ることはない。なのでわれわれの仕事を絶対に邪魔しないでもらいたい。作業中は村人は全員、家にこもり、物音一つ立ててはいけない。ニワトリも鳴かせてはいけないぞ」

王はさらに続けます。

「そして、誰もわれわれの作業を見てはいけない。もしその約束を破ったら、われわれはすぐに作業を中断して山に帰ることになる」

アレココとカラレフアはそれらの条件をすべて受け入れ、次の満月の夜、メネフネが養殖池を造るという段取りが決まりました。謝礼は養殖池の魚です。将来、メネフネたちも養殖池の魚を食べてよいという条件で、話がまとまったのでした。

そしていよいよ、満月の夜。山からメネフネたちが、隊列を組んで降りてきました。村人たちはその足音や鼻歌を耳にし、ひと目メネフネを見てみたくなりましたが、アレココとカラレフアの言いつけを守り、家にじっと潜んでいます。

静寂のなかで作業を始めたメネフネたちは、まずカラレフアの養殖池から造ることにしました。現場から3キロ先のマカリイビーチまで列を作ると、手から手へと、浜辺の岩を建設現場まで運んできました。大きな岩は幅1メートルもあります。メネフネは小人族ながら、それは屈強な民族なのです。

こうして必要なだけの岩が集まると、メネフネはさっそく岩を積み上げはじめ、無事、カラレフアの養殖池が完成しました。

次いでメネフネたちは、アレココの養殖池のために岩を集める作業にかかりました。アレココが池の場所に選んだのは、フレイア川が一番大きくカーブする箇所だったので、川の水を塞き止めるのに多くの岩が必要です。そのためメネフネたちは、今度は30キロも離れたワヒアワの土地から岩を調達することにしました。

メネフネたちは休むことなく一晩中、働き続け、あと3メートルほど石垣を築けば場池が完成するというその時。なんとアレコココが、こっそりメネフネたちを覗いてしまったのです。

一晩中、家にこもってメネフネの足音や鼻歌、作業の物音を聞き続け、ついに我慢ができなくなってしまったアレコココ。愚かにも、「小さな穴からそっと覗けば、誰にもわからないだろう」と考えたのでした。

ところがアレコココが家から外を覗いたとたん、パパエナエナ王にはわかったのです。アレコココの目が、自分たちを見つめていることを……。

その瞬間、パパエナエナ王は、すぐに岩を下に置くようメネフネたちに命じました。

「作業は中止(3)だ。山に帰るぞ」

王の命令を受けたメネフネはまた隊列を組んで山に戻り、二度と戻ってくることはなかったということです。

ちなみに、この時メネフネが手がけたアレコココ養殖池は、周囲約900メートル。幅1メートル以上ある石垣は建設以来、崩れることはなく(4)、今なおその姿を見ることができます。

（1）アレココ養殖池はメネフネ養殖池とも呼ばれ、1973年にアメリカの国定史跡に指定されています。

（2）2人は人間ではなく半神で、兄は鮫、妹はモオ（大とかげ）の化身だとする説も。またアレココ&カラフレアという名前に代わり、マノ&ハハルアとする言い伝えもあります。

（3）この時、アレココがメネフネを覗き見したため作業が中断されたのではなく、夜明けが近づいたからだとする説もあります。

（4）アレココ養殖池が造られたのは1000年以上前、というのが通説です。

少年ラカのカヌー

メネフネは手先が器用で働き者である一方、いたずら者としても知られます。時には人間に悪さをして、とんだトラブルを引き起こすことも。そんな愛すべき存在としてのメネフネを描いたのがこのお話です。

マウイ島の海辺の村(1)に、昔、ラカという少年が住んでいました。ラカの父は昔、カヌーで出かけたきり帰らなかったので、ラカは母と祖母との3人暮らし。村のいじめっ子たちは父親がいないことでラカをからかい続け、ラカは幼い頃から淋しい思いをしてきました。

実をいうと、海に出たまま帰らなかったのは、ラカの父親だけではありません。祖父も曾祖父も、みんなカヌーで遠くの島に出かけたきり、二度と戻ってこなかったのです。そんなわけで、青年に成長したラカが「お父さんの行方を探しに出かけたい」と祖母に相談を持ちかけたのも、無理のない話でした。

そんなラカの切実な望みを聞いた祖母は、ラカに告げました。

「出かけるがいい。でもそのためにはカヌーが必要だよ。山に出かけて、三日月型の葉をつけた木を切り、カヌーを作りなさい」

そこでラカは近くの山に出かけ、祖母の言葉通りの木を見つけました。三日月型の葉をつけた木とは、コアの木(2)のことだったのです。コアはがっしりと太い幹を持つ背の高い木なのですが、その葉は三日月型のかわいらしい形をしています。

ラカはさっそく喜んで木を切り倒しましたが、もう日暮れが迫りつつあり、これから木を引きずって山を降りていく時間も気力もありません。そこでその日はいったん帰宅し、翌朝、戻ってくることにしました。

そして翌日のこと。ラカは夜明けとともに山に戻りましたが、なぜかそこに横たわっているはずのコアの木が見つかりません。

周りを注意深く探してみると、前日切り倒したはずの木が、すくっと天に向かって伸びているではありませんか。むしろ、昨日よりもっと元気にそびえているような気すらします。

「おかしなことがあるものだ。切ったのは絶対、この木だったのに」

仕方なく、また1日かけて木を切り倒したのですが、どうしたことでしょう! 翌朝、

山に戻って来ると、再び同じことが起きていました。切り倒したはずの木が、またも地面から力強く天に伸びているのです。

その後も同じことが三度、四度と起こり、すっかり途方に暮れたラカ。ついには切り倒した木の陰に隠れ、ひと晩中、木を見守ることにしました。

そして長い間待ち続けた深夜のことです。どこからともなく大勢が行進する足音と、鼻歌が聞こえてきました。

「何かが山から降りてくるぞ」

ラカが息を潜めて隠れていると、間もなくメネフネと呼ばれる小さな男たちが二列になって現れ、ラカが切り倒した木を囲むと、一斉に立て直そうとします。

その様子を盗み見ながら、ラカは納得。せっかく倒した木が元通りになっていたのは、このメネフネたちの仕業だったのです！

思わずラカがメネフネたちの前に飛び出すと、メネフネは一斉に逃げ出しましたが、ラカは素早くメネフネのリーダー2人を捕まえ、怒鳴りつけました。

「よくも何度も僕の邪魔をしたな！　何度も何度も！」

するとメネフネのリーダーは命乞いをし、素晴らしい申し出をしたのです。

「私たち、悪気はなかったのです。許してください！　もし許してくれたなら、お礼に立派なカヌーを造ってあげましょう。あなたの行きたいどんな場所にでも連れていってくれる、立派なカヌーを」

「本当だな」

「約束します！　決して嘘は言いません」

ラカはメネフネを放し、代わりにカヌーを造ってもらう約束を取りつけたのです。

カヌーを造るにあたり、メネフネのリーダーはラカに条件を出しました。

「カヌーを造っている間、あなたは私たちを決して見てはなりません。どうぞ今夜は村に戻って、海辺にカヌー小屋を建てておいてください。どんな物音がしても、家から外を覗いてはいけませんよ」

そう念押しすると、メネフネのリーダー2人は森の奥に帰っていきました。

その夜、家に戻ったラカがメネフネに言われたように海辺にカヌー小屋を建て、待機していると、メネフネの鼻歌や作業の音、笑い声が聞こえてきました。しかしラカはメネフネの忠告通り目を閉じて横たわっていたので、家の外で何が起こっていたのか、知る由もありません。そのうち、朝までぐっすり寝入ってしまいました。

翌朝、朝日に照らされて目覚めたラカが慌ててカヌー小屋に駆けつけると、そこには美しく立派なカヌーが置かれているではありませんか。

メネフネたちは約束を守り、夜のうちにカヌーを造ってくれたのです。カヌーの脇には、一組のパドルまで揃っていました。

ラカの祖母はメネフネのことをよく知っていたので、メネフネの好物だという海老やタロイモ料理をカヌー小屋横に用意しておいたのですが、メネフネたちは祖母の心づくしのご馳走も喜んで食べていったようです。ご馳走の山も、きれいになくなっていました。

こうしてメネフネのお陰で素晴らしいカヌーを手に入れたラカは、さっそく遠くの島々まで漕ぎ出していき、ついに父親や祖父、曾祖父を発見！　無事に故郷の村まで連れて帰り、母親や祖母を大喜びさせました。

一家はその後も長い間、メネフネが造ってくれたカヌーを大切に守りながら、幸せに暮らしたということです。

（1）ラカのカヌーにまつわる話はハワイ各地に残り、たとえばカウアイ島ワイメア渓谷のコケエの山にも、同様の言い伝えが残っています。

（2）コアはハワイ原産の木で、アカシアの仲間。強靭かつ美しい木目で知られ、カヌーや家具作りに使われてきました。ハワイ諸島を統一したカメハメハ大王は18世紀、ハワイ島マウナケア山の麓にコアの森を所有し、その森から切り出されたコアの木で作ったカヌー軍団はペレレウと呼ばれていました。

【コラム】メネフネのハワイ入り

神話によれば、小人族メネフネは昔からハワイで暮らしていたわけではなく、大昔、遠い島から集団でハワイに渡ってきたのだそうです。

たとえばある神話では、メネフネは巨人の腕を渡ってハワイ入りしたとしています。カハノという巨人が海の底に寝そべり、片腕をタヒチに、もう片腕をハワイのオアフ島にかけ、その腕を橋代わりに渡ってメネフネがやって来たとか。メネフネたちはホノルルのヌウアヌ地区に神殿を建てる間、カハノの腕を伝い、タヒチとオアフ島を行ったり来たりしたということです。

またある神話によれば、メネフネはカウアイ島ワイメア渓谷に移住した酋長の息子に呼ばれ、酋長の故郷から渡ってきたそうです。酋長の息子は故郷に使者を送り、たくさんのメネフネをワイメア渓谷に呼び寄せたのでした。

その酋長の故郷はタヒチともマルケサスとも、ニュージーランドとも言われ、さらにはハワイに12ある天上の島の一つ、クアイヘラニだという人もいます。

メネフネを助けた少年

カウアイ島北海岸にあるハエナに、マカナと呼ばれる山があります。周囲の山々よりひときわ高く、山頂が尖ったその山は、ハエナのランドマーク。名画「南太平洋」にも、物語の舞台となるバリハイの象徴的な山として登場しています。

マカナ山はかつて、山頂から松明を海に向けて投げこむ神聖な儀式の場としても知られ、その儀式とメネフネに関わる、切ない神話が残っています。

遠い昔のことです。マカナ山ではその夜、「オーアヒ」と呼ばれる儀式が行われることになり、たくさんの人々が集まっていました。

オーアヒは、屈強な男たちがハウの木の松明を山頂から海に向けて投げ入れる、重要な儀式です。マカナ山から海までは1・5キロほどの距離がありますが、ハウの木はあらかじめ皮をむいて乾かされ、とても軽くなっています。風向きなどの条件の合った夜を選び、松明をうまく投げると、松明は風にのって海へと運ばれていくのでした。

松明が空を飛ぶ間、炎はどんどん大きく輝いて炎の軌跡を夜空に描き、人々は今でいう花火見物のような気分で、火投げの儀式を楽しんだそうです。一方、海上にはたくさんのカヌーが浮かび、松明を受け止めようと待ち構えています。山頂から飛来する松明をしっかと受け止め、腕に押しつけて焼き印をつけるのは、愛する女性への愛の証しとされていたからです。

その夜の儀式には、カウアイ島の若き酋長も臨席することになっていました。酋長は火投げの儀式を見物し、自分も海上で松明を受け止めようと、遠くの村からハエナにやって来たのです。

そして夕刻のこと。儀式で松明を投げる大役を担った男たちがせっせと準備を進めるなか、ノウという少年が自分も松明を投げると言い張り、大人たちを困らせていました。

「ダメだ！　おまえはまだ小さすぎて松明も運べないし、山に登ることもできないだろう。何度せがんでも無駄だぞ」

そういってノウに背を向け、男たちは山を登り始めましたが、実はノウが後ろからこっそりついてくることにはまったく気がつきませんでした。ノウはどうにも諦めがつかず、大人たちに無断で儀式に参加しようともくろんでいたのです。

闇夜に険しい山を登っていくのは難儀でしたが、ノウは慎重に足を進め、なんとか山頂近くまでやって来ました。その時のことです。かすかな泣き声が聞こえるのに、ノウは気がつきました。

「助けてくれ〜。息ができない！」

声の方向に向かって歩いていくと、年老いたメネフネが石の下敷きになり、身悶えしているではありませんか。

「助けてくれ！　石を動かしてくれ！」

心優しいノウはすぐに岩を除き、メネフネを助けてやりました。話ついでに自分が火投げの儀式に参加するつもりでいることを告げると、メネフネは胸を叩いて約束してくれたのです。

「命を助けてくれたお礼に、おまえの火投げを助けてあげよう」

そう言い残すと、年老いたメネフネは森の奥へと消えていきました。

そしていよいよ、火投げの儀式が始まろうというその時、男たちは山頂にノウがいるのを見つけて激怒。掟を破って勝手に山を登ってきた罪は大きく、死罪になっても文句は言えません。ですがノウは、必死に哀願しました。

「お願いです。一度だけ、松明を投げさせてください！　絶対、一番遠くまで投げてみせます。もしも一番遠くまで投げられなかったら、その時は死罪になってもかまいません」

その結果、ノウは一度だけチャンスを与えてもらえることになったのです。

そうこうするうちに儀式が始まり、ついにノウの順番がやってきました。ノウは真っ暗な海に向け、命をかけて松明を「それっ！」と投げつけました。

……ところが無情なことに松明は風に乗らず、山の麓に向けて落下していくばかり。ノウは心の中で死を覚悟し、松明の行方を見つめることしかできませんでした。

と、その時です！　山から冷たい強風が吹き、ノウの松明を再び空高く吹きあげたのです。松明はそのまま風に乗ってぐんぐん飛び続け、どの松明よりも遠くへと飛んでいきました。しかもまるで意図したかのように、カヌー上の酋長の手元にうまく落下したのです。

言うまでもなく、それは、年老いたメネフネのお陰でした。ノウに約束した通り、メネフネは頬を膨らませて力いっぱい「ふう〜っ！」と息を吹きかけ、ノウを助けてくれたのです。カヌーの上でノウの松明を受け止めた酋長は大喜びし、ノウにたくさんの褒美を授けてくれました。

しかし残念なことに、ノウの喜びの日々は長くは続きませんでした。自分たちを差しおいて火投げの名手としての名声を得たノウに、火投げ役の男たちが嫉妬したからです。

「勝手に火投げの儀式に割りこんでおいて、手柄をたてるとはとんでもない奴だ」

かんかんに怒った挙句、「火投げの練習をしよう」と偽ってノウを呼び出し、なんとマカナ山の山頂でノウを殺してしまいました。

そのまま男たちは崖からノウの遺体を投げ捨てようとしましたが、その前に立ちはだかったのが、ノウに助けられた老メネフネでした。もうすでに山の陰から朝日が昇りつつありましたが、それでも最後に力をふり絞り、男たちに呪いをかけたのです。

「よくも罪のないノウを殺したな。未来永劫、おまえたちの骨は痛み、歩くたび激痛が走るだろう」

メネフネの呪文には、とてつもないパワーがこもっていました。とたんに男たちの身体の節々が痛みだし、満足に歩くこともできなくなったのです。

では、年老いたメネフネはどうなったのでしょうか?

ノウの亡骸を守って朝日を全身に浴びた結果、メネフネはそのまま山頂で岩になってしまいました(1)。近くで永眠するノウを永遠に守りながら、メネフネの似姿であるその岩は、今もマカナの山頂近くに佇んでいます。

(1) この伝説では、メネフネは日の光に当たると岩になると説明しています。

メネフネの旅立ちとマニニホロ洞窟

メネフネは時代とともに増え続け、特に本拠地だったカウアイ島では成人した男のメネフネだけを並べても、カウアイ島西部のマカヴェリから島の反対側のワイルアまで、二列が作れるほどだったとか。たいへんな数のメネフネが、カウアイ島で暮らしていたことがわかります。

そのメネフネが、ある日、カウアイ島からもほかの島々からも忽然と姿を消してしまったのは、いったいなぜだったのでしょうか？

それについては、次のような伝説が残っています。

メネフネがハワイに移り住み、しばらく経った時代のことです。タヒチと呼ばれる遠くの島から、大柄な民族がハワイに移ってきました。それはよく組織された大集団での入植だったので、いつの間にかハワイでは大柄な民族が多数派になり、メネフネは少数派になっていきました(1)。

しばらく二つの民族はあまり関わらないまま暮らしていたのですが、次第に交流を持つようになり、その結果、メネフネ族の男が大柄な民族の女を妻に娶るというケースが急増。そしてそのことが、メネフネ族の王を悩ませていたのです。

「このままではいつか、純粋なメネフネ族がいなくなる。わが民族の伝統が、大柄な民族の文化に呑みこまれてしまうぞ。あちらの方がずっと人数が多く、力も強いのだから」

それにいくらメネフネ族の男がメネフネの生活様式を子供に教えても、大柄な民族の母親は子供に違うことを教えるでしょう。子供はとかく父親より母親の影響を受けやすいことを、メネフネの王はよく心得ていたのです。

そんなある日、民族の未来に関わる重大な結論を下したメネフネの王は、メネフネ族全員を集めて次のように言いわたしました。

「みんな、よく聞いてほしい。われわれは、じきハワイから出ていくことにした。すぐに故郷に戻るための準備を始めてくれ」

しかも王は、「メネフネ族だけが島を出ていく」、つまり「大柄な民族の妻や、妻との間に生まれた子供たちは置いていく」と宣言したからたいへんです。その瞬間、メネフネたちの間に鉛のような沈黙が広がったのも当然だったと言えるでしょう。大柄な民族と結婚していたメネフネは、王が想像するよりもずっとずっと多かったのです。

と、その沈黙を破って１人の男が王に懇願しました。

「自分は大柄な民族の妻と、可愛い息子を置いていくわけにはいきません。一緒に連れていってください！」

しかしその要望は、あっさりと退けられてしまいました。

「ダメだ！　連れていくのは純血のメネフネ族だけだ。だが心配するな。島のタロイモやサツマイモ、果実は、すべて手つかずで残していこう。自分たちは大量に干し魚を作って、旅に備えることにする」

そう宣言すると、王はベテラン漁師のマニニホロを呼びつけ、出発までにハエナの海でできるだけ多くの魚を獲るよう命じたのでした。

王の命を受けたマニニホロはさっそく部下たちを集め、翌日の夜から総出で漁に出ることになりました。男らは夜の海でせっせせっせと魚を獲り、ウニや貝、カニも探し、夜明け前には、とりどりの海の幸が浜にどっさりと積まれました。

「今日はこのくらいにしておこうか。さあ、獲物を村に持って帰るぞ」

マニニホロは部下に声をかけましたが、あまりに大漁だったため、すべての獲物を背負って帰ることはできません。仕方なく一部を浜に残していくことにし、メネフネたちは魚を木陰に隠すと、二列になって山に帰っていきました。

ところが翌日の夜、魚を回収しに戻って来たメネフネたちは驚愕しました。そこに隠しておいたはずの大切な海の幸が、すっかり消えているではありませんか。隠した場所は、その場所に間違いないのです。なぜならあたり一面に、魚にかぶせておいた草が散らばっていたからです。

「これは……どうしたことだろう！」

漁師のマニニホロは頭を抱えました。もっとたくさんの魚を、すぐに持って帰ると王には伝えてありますから、このまま手ぶらで帰るわけにはいきません。

「仕方ない。よし、また今夜も漁に出ることにしよう」

なくした魚を嘆いてみても、魚は返ってこない。そう言って部下を元気づけると、また夜通し漁を続け、大量の魚を浜に積み上げたのでした。

気をよくしたメネフネたちは再びてきぱきと魚を束ね、夜明け前に村に帰る準備を進めました。結局、その夜もあまりに大漁だったので、一部の魚を浜に残していくことに。メネフネはまた改めて戻ってくることにし、意気揚々と村に引きあげていったのでした。

ところが。メネフネたちが翌日、ハエナの浜辺に戻ってみると、またも魚の姿が見えません。

「またやられた！」

　マニニホロは、頭を抱えて怒りの声をあげました。魚を隠した跡には、滅茶苦茶になった草と、小さな足跡がたくさん残っていました。その足跡を見て、マニニホロは悟ったのです。一連の事件は、ただの動物ではなく、エエパと呼ばれる小鬼の仕業だと……。

　そこで小さな足跡をつけていったマニニホロは、魚の隠し場所のすぐ後ろの崖に、小さな穴があるのを見つけました。

「小鬼は、その奥に潜んでいるに違いない」

　マニニホロの推理は当たっていました。穴をずんずん掘り進んでいくと、まず小鬼を一匹発見しました。さっそく退治してさらに掘り続けると、やがて穴は、メネフネが立って歩けるほどの大きさになりました。そこでさらに多くの小鬼を見つけ、隠れていた小鬼全部を退治することができたのでした。

　この夜を境にマニニホロはさらにたくさんの魚を集め、旅の支度がすっかり完了。メネフネたちは王の命令に従ってハエナの海辺に集合し、何十艘ものカヌーに乗りこむと、カウアイ島から去っていきました。その後二度と、カウアイ島の土を踏むことはなかったということです。

　ただし、ここだけの話ですが、実はその時、メネフネ族の全員が故郷に帰ったわけではなかったのです。こっそり山奥の洞窟や木の洞に隠れ、大柄な民族の妻や子供とともに暮らし続けたメネフネも、少なからずいたよう。

そんなわけで、カウアイ島をはじめハワイの島々には、今もメネフネたちがひっそりと暮らしているのだそうです。

ちなみに、メネフネたちが小鬼を退治した洞穴は今もハエナの海辺に残り、崖下にぽっかりと不気味な口を開けています。その洞窟は後年、小鬼を退治した漁師の名をとり、「マニニホロ洞窟」との名で知られるようになりました。

（1）これはハワイに先に住み着いていたマルケサス諸島からの移民と、後にタヒチからやって来た移植者のことを示唆しています（タヒチからの移民は体格がよく、マルケサスからの先住民を奴隷化したと言われます）。詳しくは次ページのコラムを参照ください。

【コラム】

メネフネのモデルとは？

メネフネ神話の起源には諸説ありますが、今のところ有力なのが、すでに触れた「メネフネのモデルは一番初めにハワイに移植したマルケサス人だ」というものです。

ポリネシアの島々からハワイへの移植は2回あったとされ、まず最初に3～5世紀、マルケサス諸島からの移植があったことがわかっています。次いで7、8世紀に、今度はタヒチからの大規模な移植がありました。

マルケサスからの移民たちは小グループであまり食物の備えもなかった一方、タヒチからの移住者は食物の準備も万端だったため身体が大きく、人数も多かったので、先住者をあっという間に征服。奴隷化してしまったとされています。そのマルケサスからの移住者が、メネフネ伝説の起源になったというのがこの説です。

さらに、身体は小さいけれど働き者でチームワークがよく手先が器用、特に石を使った建築作業が得意とされるメネフネ族に、石垣造りも得意とした日本人を重ねる人も少数派ながら存在します。日本人がハワイに移民として入植し始めたのは19世紀。近代のこ

とですが、それ以前から漂流者としてハワイに入った日本人が複数いたのは事実です。
たとえばハワイ王国7代目の君主、カラカウア王の著書「ハワイの伝説と神話」には、12世紀頃、オアフ島カネオヘのモカプ半島に日本船が漂着したとの話が出てきます。もう一つ、13世紀、マウイ島ワイルクに日本船が漂着。船には5人の男女が乗っていた、との話も紹介されています。そういった漂流者が、愛すべき小人族のモデルになった可能性もあるのかもしれません。
そのほか、「小柄な家系の人々がメネフネと呼ばれた」との説もあります。実際、1820年に行われたハワイ初の国勢調査で、自分の人種について「メネフネ族」と名乗った人々がカウアイ島にいたことがわかっています。
もちろん「真相は神のみぞ知る」ですが、ハワイの小人族の伝説には、何かしらの史実が隠れているのは確かでしょう。

第8章

ハワイのドラゴン、モオ

モオは大とかげの姿をした半神。その身体は10メートルを超え、滝壺や川、池など、淡水に潜むとされています。

ハワイ各地に数多くのモオ伝説が残り、モオを恐竜のように恐ろしい存在として描く物語から、土地の守り神や四大神の妹にあたる高貴な神として語る伝説、はたまた人魚のような美しい水の精として描写するものまで、実にさまざまです。

ここで注目したいのは、ハワイに小さなとかげはいても、コモドドラゴンやワニのような大型の爬虫類は皆無という事実。そのためモオ伝説の起源については、「大昔、南アジアから太平洋に移ってきた遠い祖先が見た爬虫類の記憶が、伝説として残っている」「山脈の尾根が大とかげに似ているから」など、多くの説があります。

女神ヒイアカのモオ退治

ハワイ諸島中にモオ伝説は残りますが、なかでも火山の女神ペレの妹、ヒイアカがハワイ中でモオを退治した物語がよく知られています。たとえばオアフ島にも、ヒイアカがモオを倒したという次のような神話が残っています。

昔々のことです。姉ペレの命を受けてハワイ島キラウエア火山からカウアイ島を目指していた女神ヒイアカ(1)は、マウイ島、モロカイ島を経ていよいよオアフ島に上陸しました。ペレの恋人を迎えに行くというこの任務の目的地は、カウアイ島。その隣島であるオアフ島に、やっと到着したのです。

これまであちこちでどう猛なモオを倒してきたヒイアカですが、オアフ島東部のクアロアで、またもや狂暴なモオに遭遇します。ある日、海辺のトレイルを歩いているヒイアカの前に、大きなモオが立ちはだかったのです。

それはトレイルを通る旅人を相手かまわず襲う恐ろしいモオ、モコリイでした。その時も、まさか相手が女神だとは思いもせず、愉快そうに笑いながらヒイアカに襲いかかったモコリイ。ただのひ弱な旅人だと見くびり、

「八つ裂きにしてやる！」

と、牙を剥き出して飛びかかってきたのです。

ところがこの時ばかりは、勝手が違いました。相手は、この道中で何度も巨大なモオを倒してきた女神ヒイアカです。この危険な旅のため、ペレから特別な神通力を授かっていたヒイアカにとり、どんなにどう猛なモオも敵ではありませんでした。

「邪悪なモオめ！　どこからでもかかって来なさい」

モコリイの挑戦を正面から受けとめ、その巨体を思いきり投げ飛ばしたヒイアカ。宙高く舞ったモコリイは激しく地面に叩きつけられ、あっという間に死んでしまいました。これまで多くの旅人を毒牙にかけてきたモコリイの、何ともあっけない最後でした。

次いでヒイアカはモコリイの巨大な身体を片付けるため、まずモオの尾を切断。勢いよく海に投げこむと尾は海に刺さって直立し、小さな島になりました。それが今、クアロア沖に浮かぶモコリイ島（２）です。

一方、モコリイの胴体は、海にほど近いコオラウ山脈と海の間に横たえられ、道になりました。ヒイアカのお陰でそれ以来、旅人たちは、安全にクアロアを行き来できるように

なったということです。

ちなみにその後ヒイアカは、マノア渓谷に近いモイリイリでもモオを退治しています。モオの身体は細かく切り刻まれて小石となり、積もって小山になったとか。ハワイ語で小石はイリイリといいます。つまりモイリイリという地名は、モオ・イリイリが短くなったもの。小石になったモオの伝説から、つけられた地名なのでした。

こうして、各島でモオを退治して歩いたヒイアカ。ヒイアカの功績がなければ、今頃、まだハワイのあちこちに恐ろしいモオが出没していたのかもしれません。

（1）ペレは夢のなかでカウアイ島の王子ロヒアウと恋に落ち、目覚めた後、お気に入りの妹ヒイアカにロヒアウを迎えに行くよう依頼します。そのカウアイ島への道中、ヒイアカが各地でモオや鮫など敵と戦うという、有名な冒険物語があります。
（2）その形が中国人のかぶる帽子に似た形をしていることから、今では「チャイナマンズハット」との別名で知られています。

半神マウイとモオ

ハワイ島ヒロにも、英雄マウイがモオを退治したという伝説が残っています。母想いで知られるマウイは、母の悲鳴を聞いてマウイ島からヒロに駆けつけ、母を襲った邪悪なモオを退治したのだそうです。

ハワイ島ヒロのワイルク川上流に、昔、半神マウイの母、月の女神ヒナが住んでいました。上流には、よく虹がかかるためレインボー滝と呼ばれる美しい滝があり、その後ろにぽっかり口をあけた洞窟で、ヒナは1人静かに暮らしていました。洞窟は輝く滝のカーテンによってうまく隠され、ヒナを好奇の目から匿ってくれます。ひんやりと涼しい洞窟で寝起きしながら、ヒナはワイルク川の畔でカパ作りに励む平和な毎日を送っていたのでした。

ところがこのレインボー滝のさらに上流には、醜いモオのクナが住んでいました。川岸で休むヒナに目をつけたクナが、ヒナにちょっかいを出し始めたからたいへんです。山から流れこんできた丸木や岩を滝上から落としてはヒナを洞窟から誘い出そうとしましたが、ヒナを誘い出すことはなかなか叶いませんでした。

そんな日々が続き、つれないヒナへの怒りに燃え始めたクナ。ワイルク川が雨で水かさが増していたある日、それに乗じて、ヒナの洞窟を水攻めにしてやろうと画策したのです。レインボー滝のすぐ下に大きな岩を投げ入れて河を塞き止め、水がどんどんヒナの洞窟に流れこむのを、笑いながら眺めていました。

「このままでは溺れ死んでしまうわ」

恐怖に震え、ヒナは大きな悲鳴をあげて助けを求めました。

「助けて！　助けて〜」

そんなヒナの悲鳴は山々を超えて空を貫き、海を渡って、マウイ島のハレアカラ山の麓にいたマウイの耳に届きました。母の危機を悟ったマウイは、一かきでどこにでも行ける魔法のカヌーに飛び乗ると、一目散にハワイ島へ。ワイルク川の河口でカヌー(1)から飛び降り、大急ぎでレイ

ンボー滝へと向かいました。

レインボー滝に到着したマウイは、川を塞き止めていた巨岩に目を向け、石斧をひと振り。巨岩は粉々に砕け散り、危ういところでヒナの洞窟は水没を免れました。

ヒナの無事を見届けたマウイは、次いで邪悪なクナの退治に乗り出します。

「クナ、どこに隠れても無駄だぞ」

クナは川を上り、深い川底にある洞窟に隠れましたが、マウイの目をごまかすことはできません。マウイが魔法の槍を使い、川底に大きな穴を開けると、クナの潜む川底の洞窟が剥き出しになりました。

クナはさらに逃れようとしましたが、どこに隠れてもマウイの振りおろす石斧で川底が揺れ(2)、隠れ家からすぐに追い出されてしまいます。さらにマウイは川に溶岩流を呼びこんだので淵が沸き立ち(3)、クナは焼け死んでしまいました。

ちなみに溶岩流はその後すぐに冷却され、淵はもう沸き立っていませんが、今も無数の泡が立っています。そのため、今では「ボイリングポット（沸き立つ壺）」との名で知られています。

こうして孝行息子マウイのお陰で平穏な生活を取り戻したヒナ。今なおレインボー滝の裏に隠された洞窟で、カパ作りを続けているということです。

（1）マウイのカヌーはそのまま川に残され、その後岩になったと言われています。今でもヒロのケアヴェ通りにかかるワイルク川橋から、カヌーの型をしたその岩を眺めることができます。

（2）この描写は地震を表しているとする説があります。

（3）この時、マウイが火山の女神ペレに助けを求めたのでペレが溶岩流を送ったとする、マウイとペレを結びつける言い伝えもあります。

酋長プナとモオの物語

モオは、恐ろしい大とかげの姿で人前に現れるとは限りません。古来、美しい女性の姿で男性を誘惑するモオの物語も多く、モオにさらわれた男の伝説がいくつか知られています。モオは時に、人魚と表現されることもあります。

大昔、オアフ島にプナというハンサムな酋長が住んでいました(1)。プナはサーフィンが大好きで、その日も側近を従え、よい波を求めてオアフ島の海岸を回っていました。一行を乗せたカヌーがワイキキのカレフアヴェヘに差しかかると、たくさんのサーファーが海に出ています。かなりよい波が岸に押し寄せているのを見て、プナは大喜び。
「やっとサーフィンが楽しめそうだな」

サーフボードを抱え、勇んで海に飛びこんでいきました。さっそく沖合いで波を待っていると、いつの間にか長い髪の女性がボードに寝そべりながら、プナの隣にピッタリと寄りそっています。髪は日に焼けて明るく輝いており、しかも素晴らしい美女であることにプナは気がつきました。

「ここよりもずっと波のいい場所があるの。一緒に行かない？　少し遠いけれど」

美しい女性にそう誘われるまま、プナは側近たちと離れてどんどん沖へと漕いでいきました。いつしか岸の椰子の木も山々も見えなくなった頃、2人はようやく真っ白な砂浜に到着。プナは知らぬ間に、美女と一緒にオアフ島から隣のモロカイ島まで泳いでいたのです。

実はその美女は人間ではなく、キハワヒネというモオの化身でした。キハワヒネは凛々しいプナをひと目見て気に入り、プナを欺いて自分の住むモロカイ島へといざなったのです。さっそく自分の住居である洞窟にプナを連れていき、2人は妻と夫として暮らし始めました。

キハワヒネはその後も女性の姿でかいがいしくプナの面倒を見たので、プナは自分の村のことも友人のことも忘れ、妻との生活を楽しむようになりました。まさかその妻が、恐ろしいモオであることも知らずに……。

そしてその数か月後。プナは遠くから聞こえる波の音や人々のさざめきを聞き、大好きなサーフィンが懐かしくなりました。一緒に暮らし始めてからというもの、妻はプナに洞窟から出ることを一切、禁じていました。外は危ない、殺されてしまう。そんな風にプナに言い聞かせ、外出させなかったのです。

「でも、ここに来てから一度も波に乗ってないよ。久しぶりに海に行きたいなあ」

切実に訴えるプナを前に、妻は少し考えてから答えました。

「そうね……。明日ならいいかもしれないわ。行ってくる?」

機嫌のよかった妻は自分のサーフボードをプナに手渡し、さらに一言つけ加えるのを忘れませんでした。

「ただし、私の警告を忘れないで。浜で誰かに出会っても、口をきいてはいけないわ。殺されてしまうから」

プナは快諾し、翌朝、喜んで浜へと降りていきました。

数か月ぶりのサーフィンは、それは楽しいものでした。プナは海で数時間を過ごし、1人の男と友達になりました。男はヒナレといい、なんと妻の兄だったのです。

「ヒナレとなら、口をきいてもかまわないだろう」

つい安心して饒舌になるプナを前に、ヒナレは気づきました。プナがオアフ島で行方不明になった酋長であることに。その頃には、人々がプナのことをあちこちで噂していました。

一方、気のいいプナは、みんなが自分の行方を捜していることなど夢にも知りません。そんなプナを前に、ヒナレはだんだんプナが気の毒になってきました。ついつい、妹の秘密を漏らしてしまったのです。

「洞窟に帰ったら、気をつけたほうがいい」

ヒナレはあたりを見回しながら、プナに耳打ちしました。

「妹はモオの化身なのだ。君が抱えているサーフボードも、実は妹の舌なんだよ。このままでは、いつか君の命も危うくなるだろう」

驚愕するプナを前に、ヒナレがさらに続けました。

「今日、足音を忍ばせて洞窟に入ってごらん。妹は油断して本当の姿を見せているだろう」

そのヒナレの言葉に偽りはありませんでした。夕刻、プナがそっと洞窟に忍びこむと、洞窟の奥に恐ろしいモオが横たわっていたのです！　プナは身体の震えも息の乱れも、抑えることができませんでした。

と、妻はそんなプナに気づいて素早く人間の姿に戻ると、プナを睨みつけました。

「よくも言いつけを破ってヒナレと話したわね。ヒナレに、こっそり洞窟に帰れと言われたんだろう。すべてお見通しなんだよ。悪い男だ。おまえの目玉を食べてやろうか?」

しかしプナがまったく動じなかったので、いつしか妻の怒りも消え去ったようです。妙な話ですが、2人はまた元のさやに収まり、夫婦として暮らし始めたのでした。

ですが本当のところは、プナは目にした恐ろしい妻の姿を忘れることができなかったのです。妻の秘密を教えてくれた際、ヒナレの授けてくれた脱出計画を胸に秘めながら、島から逃げるチャンスを待ち続ける日々でした。

その計画とは、妻に、「ハワイ島のマウナケア山の頂きから水を取って来てほしい」と頼むというものでした。マウナケア山の頂きに住む雪の女神、ポリアフの水を。

もし妻がはるか遠いマウナケア山まで往復してくれるなら、プナが島から逃げ出す時間はたっぷりあるでしょう。

そしてついに、チャンスが巡ってきました。いつになく愛情深く振る舞う妻に、プナは頼んだのです。自分のために、ぜひマウナケア山まで行ってほしいと。

「ポリアフの水には氷が入っていて冷たいだろう。あの水がどうしても飲みたいんだ」

なぜプナが急にそんなことを言い出すのか理由はわかりませんでしたが、上機嫌だった妻は二つ返事で了承し、はるか遠いハワイ島へと出かけていきました。

その間にプナは浜でカヌーを見つけ、島を脱出することにまんまと成功します。まずマウイ島へ赴き、次いでハワイ島キラウエア火山へ。山頂では火山の女神ペレとその一族がプナをかくまってくれました(2)。

その頃、モロカイ島に帰って自分が欺かれたことを知った妻は、プナがキラウエア火山に隠れていることを知り、激高しました。仲間のモオを引き連れて火山へ急行し、ペレ一族とモオの激しい戦いとなりましたが、恐ろしいモオ族も、炎と溶岩を駆使して攻め立てるペレ一族には到底、叶いません。

ついには妻もプナを諦め、モロカイ島へと退散したのでした。

その後、プナはようやくオアフ島に帰還し、島の人々を喜ばせたということです。

（1）ハワイアン歴史家、サミュエル・カマカウの記した物語では、男はカウアイ島の酋長で、オアフ島ノースショアからやって来たモオにワイキキから連れ去られたとしています。

（2）ウィリアム・ウェスターベルト版の物語では、プナはオアフ島から連れ去られる前、女神ハウメアと結婚していたことになっています。そのためハウメアの娘であるペレがここに登場していると考えられます。

モオを愛した男

人間と夫婦になるモオの伝説は数ありますが、必ずしもモオが人間を騙して夫や妻にするわけではありません。真に愛し合った人間とモオの話も伝わっています。

昔々、ハワイ島の大きな川の近くで、カマヌという若い男が家族と一緒に暮らしていました。

カマヌは家族のため、川に水汲みに出かけるのが日課でした。その時に小魚やエビもつかまえては、母親に喜ばれたものでした。

ある朝もカマヌが川で漁をしていると、誰かが急に自分の腕を掴むのを感じました。そのままカマヌは川底に引きずり込まれ、気がつくと、冷たい洞窟の地面に寝かされているではありませんか。

そんなカマヌを赤く長い髪をした不思議な女性が見下ろし、彼が目を覚ましたのを見ると、ニッコリと笑いかけてきました。

その瞬間、凄まじい恐怖に襲われたカマヌ。

「これは、いつか母さんが話してくれた赤い髪のモオ女に違いない!」

慌てて起き上がろうとするカマヌを女性はそっと制し、語りかけました。

「怖がらないで。あなたは私の夫になります。残された家族のことは心配しないでね。魚やエビがふんだんに獲れるよう、私が取りはからいますから」

カマヌの推測した通り、女性はその川を護るモオの化身でした。しかしカマヌの前では人間の美女の姿で恭しく仕え、いつも川で獲れる最高の魚を食事に出してくれます。いつしかカマヌも女性を愛し、幸せな日々が続きました。

一方、家族はカマヌが川で死んだものと思い、悲しみの毎日を送っていました。家族総出でカマヌの亡骸を探しましたが、見つかるはずもありません。

「きっと川下に流されてしまったんだろう」

今頃は海に流れ、海の底に沈んでしまったのかもしれない。両親はそう考えたのですが、実はカマヌは、すぐ近くの川の底でモオと幸せに暮らしていたというわけです。

そんな暮らしが1年も続いた頃。カマヌはホームシックにかかり、ふさぎ込むことが多くなりました。

「両親はどうしているだろう。みんな、僕のことを心配しているに違いないよ。ああ、家族に会いたいなあ！」

　嘆くカマヌを見つめると、妻は優しく答えました。

「わかりました。それでは明日の朝、あなたを川岸に送っていってあげましょう」

　優しい妻は、ふさぎ込むカマヌのことを心から心配していたのです。それを聞いたカマヌは大喜びしました。

「でも、一つだけ注意してね」

　妻はカマヌを見つめて忠告しました。

「家族に会ったら、最初にお父さんにキスをして。他の人と先にキスを交わしたら、あなたは二度と私に会えなくなるでしょう」

　妻の忠告に頷き、翌朝、家族の住む村へと帰っていったカマヌ。川からしばらく歩くうち、懐かしいわが家が見えてきました。

「自分を見たら、みんなどれだけ驚くだろう！」

　高揚した気持ちで家に入ると、さっそく愛犬が飛びついてきました。愛犬はカマヌの顔を舐めまわして興奮しています。

　続いて家族が駆け寄ってきました！　とっくに死んだと思っていたカマヌの帰還に家族は驚き喜び、涙を流してカマヌを迎えたのでした。

カマヌを囲んでのその夜の宴は、素晴らしく楽しいものでした。優しいモオの妻のこと、川底の住まいのこと。カマヌは不思議な体験を家族に話して聞かせ、

「また帰って来るよ」

そう両親に告げると、翌朝、川へと帰っていったのです。

ところが川岸では、愛する妻が泣きながらカマヌを待っていました。

「あなたは最初に、愛犬とキスを交わしましたね。お父さんではなく……」

妻はさめざめと泣きながら訴えました。

「さようなら、愛する人。もうあなたと一緒に暮らすことはできないの」

カマヌは自分がうっかり犯した過ちを悟りましたが、すべては後の祭りです。妻は悲しそうに川に消えていき、それきりカマヌの前に姿を現すことはありませんでした。

それでも愛する妻の姿を求め、毎日、川を訪れていたカマヌ。見る見るうちにやつれ果て、やがて死んでしまいました。

父はそんなカマヌを憐れみ、その亡骸を、モオの住む川を見下ろす高台に埋葬してやったということです。

ハワイから消えた真珠の行方

巨大で恐ろしいドラゴンのようなモオや、男性を誘う水の精としてのモオのほか、神として崇拝されるモオの話も知られています。その一つに、オアフ島の真珠湾周辺を守っていたモオの女神の神話があります。

昔々の大昔。真珠湾に流れこむ川の河口に、カネクアアナというモオが住んでいました。カネクアアナは真珠湾を含むエヴァ地方全域で崇拝されており、さまざまな貝類や魚がふんだんに採れるよう、一帯を見守っていたそうです。

そのためもし土地の人々が食糧不足に苦しむと、カネクアアナのために神殿を建て、祈願したものでした。カネクアアナはその願いを聞き入れ、たっぷり海の幸をもたらしてくれる、ありがたい存在だったのです。

こうしてカネクアアナがもたらした海の幸の一つに、真珠貝があります。真珠貝は遠い昔、カネクアアナがタヒチからもたらしたものでした。真珠貝は大いに繁殖し、かつて一帯には、真珠貝がたくさん生息していた(1)のです。大きな貝の実は貴重な食糧になるのに加え、貝に隠された輝く真珠も、宝物として珍重されていました。

ところで昔のハワイでは、大切な食糧を枯渇させないため、それぞれの魚や貝に厳密な禁漁シーズンが設けられていました。真珠貝も然り。一定の季節を除いて真珠貝を集めることはきつく禁じられていたうえ、まだ小さな貝を採ることもタブーでした。

ですがある時、そんなタブーを破った老女がいました。飢えに苦しんでいた老女は真珠湾の海辺で海藻を集めていた際、大きな真珠貝を見つけたのです。

「まだ真珠貝の収穫シーズンではないのに、私はなんて罪深いのだろう。でも私は飢えている。一つぐらいもらって帰っても、神さまは許してくださるだろう」

そう1人呟くと、海藻の下にこっそり隠して持ち帰ろうとしたのです。

ところが運の悪いことに、その様子を見ていた役人がいました。

「老女よ、おまえはそこで何を集めているのかな」

「はい、お役人さま、今日は海藻を集めています」

しかし役人は老女の手から籠を引ったくると、すぐに真珠貝を見つけて怒鳴りつけたのです。

「老女よ、おまえは嘘をついた。まだ禁漁シーズンだというのに、真珠貝を採ったな！

今すぐ籠の中身をすべて海に戻し、とっとと出ていくがよい！」

自分がタブーを破ったことを後悔し、役人に言い返すこともなく、採ったばかりの海の幸をすべて海に返した老女。空き腹を抱えてとぼとぼと家路に着いたのですが、その後を追う陰がありました。意地悪な役人が老女の住まいを探るべく、こっそり後をつけていたのです。

意地悪な役人は老女が家に入るやいなや自分も家に上がり込み、さらに老女を追求しました。

「老女よ、おまえはタブーを破った。償いに金を出せ！」

強く迫る役人に、老女は必死で懇願します。

「私は夫に先立たれ、貧しく、お金なんてありません。どうか許してください」

しかし役人は容赦なく老女の最後の金を取り上げ、意気揚々と引き返していったのでした。

この様子を最初から最後まで見ていたのが、一帯の守り神であるカネクアアナです。憐れな老女を二度も罰した役人に激怒し、宣言しました。

「私はもう真珠貝を、タヒチに持って帰ることにするわ。あの役人の子孫が死に絶えるまで、ハワイに真珠貝は戻ってこないでしょう」

そんなわけで、今もタヒチには真珠貝がたくさん生息していますが、ハワイからはすっかり消えてしまったのだそうです。

今では真珠湾という地名だけが、昔その海で育っていた真珠貝の思い出を、今に伝えています。

（1）19世紀のハワイアン歴史家、カマカウは、真珠湾一帯や、湾に注ぐワイモミ川で真珠貝が採れたことを次のように書き記しています。「真珠貝はエヴァ方面の海でたくさん見つかり、その新鮮な肉のなかには真珠と呼ばれる宝石がある。真珠は魚の目玉のように白く輝き、虹のなかの赤や黄、もしくは暗い色、時にはピンクがかった白もあり、たいへんな価値があった」。ちなみにハワイ語で真珠はモミといい、ワイモミは「真珠の水」を意味します。

【コラム】

カメハメハ大王が崇拝したモオ

神話によれば、モオは天界からやって来た半神だそうです。この世に最初にやって来たモオはモオイナネアという女神で、神話「金色の雲の女神、ケアオメレメレ」に詳しく書かれています。

物語中、モオイナネアは四大神の妹として登場し、四大神のカネとカナロアとともに、天界からモオ族を率いてオアフ島ホノルルのヌウアヌ渓谷に降り立ちました。多くのモオがオアフ島各地に散らばったなか、モオイナネアはそのままヌウアヌ渓谷に住み着いたとか。

ところが数年後、オアフ島にモオが溢れてきたことに気づいたモオイナネア。ハワイ各島にモオを振り分けることにし、その結果、各島でモオが暮らし始めることになりました。その後、あるモオは邪悪な存在と化し、あるモオはそのまま高貴な神として知られるようになった……ということです。

ちなみにマウイ島ラハイナには、世にも気高いモオ、キハワヒネが住んでいたとされて

います。キハワヒネはマウイの王族の娘として生まれ、死後、モオに変化(へんげ)。後にハワイ中で崇拝されるようになり、崇拝者の中にはカメハメハ大王をはじめ、各島の王族も含まれていました。モオの中でもごく特別な存在だったようです。

このキハワヒネは、ラハイナに以前あったモクヒニア池という大きな池の守り神として崇拝されていました。しかしモクヒニア池はすでに埋め立てられ、一帯に当時の面影はありません。

キハワヒネは、どこに消えてしまったのでしょうか?

第9章
家族神、アウマクア

アウマクアとは家族神、先祖神のこと。古来、自然崇拝に加え、先祖崇拝も篤かったハワイでは、亡くなった家族や先祖が神となって一族を守るというアウマクア信仰がたいへん盛んでした。

アウマクアは夢の中で子孫に警告を与えたり、実際に危険から救ってくれたり。神と親族が一つになったような存在であり、日本風に解釈すると、「ご先祖さまの霊」というとわかりやすいでしょうか。ユニークなのは、ハワイでは先祖の霊が鮫やフクロウ、トカゲ、ネズミなど動物の姿でこの世に戻ってくるという点です。

もっとも先祖が動物に生まれ変わるのではなく、先祖の霊が動物の身体を借りて子孫の前に現れる……というのがアウマクアの概念です。もちろん、人間の姿のままで現れる先祖もアウマクアと呼ばれます。

少女が産んだ鮫の神

アウマクア信仰では、一族ごとに鮫、フクロウなど、特定の姿のアウマクアがいるとされています。複数のアウマクアを持つ一族もいます(1)。

そもそも、どのように特定の動物が各家庭のアウマクアになるのでしょうか。それについては諸説ありますが、「ある動物の半神との間に子供が生まれた時、その動物が一族のアウマクアになる」という信条がその一つ。ハワイでは夢の中で動物霊が女性を訪れ、子供が生まれるという伝説が多く、次の物語もその一例です。

昔々、ハワイ島カウの海沿いで、13歳の少女が両親と暮らしていました。

少女はある夜、海から男が上がってきて彼女を訪問するという、不思議な夢を見ました。その後も不思議な夢は毎夜続き、当惑した少女は両親に夢の内容を告げたのですが、逆にあらぬ疑いを両親に植えつけてしまったようです。

「おまえは嘘をついているに違いない。きっと恋人を毎晩、部屋に入れているので、そんな話をでっちあげたのだろう」

父親ははなから少女を疑い、少女の話を決して信じようとはしませんでした。

その後、父親は毎晩、少女を見張ることにしたのですが、海からの訪問者を見かけることは一度もありませんでした。その一方で、少女の不思議な夢は夜な夜な続いたのです。

そして数か月後。少女の妊娠が発覚し、両親を困惑させました。しかも月が満ちて生まれたのは、驚いたことに鮫の姿をした赤ん坊だったのです。

その赤ん坊を見るなり、少女の父親は初めてことの真相を悟りました。

「これは鮫の赤ん坊だ！　ということは、父親はケリイカウアオカウに違いない……」

ケリイカウアオカウとは、その地域の海に住むとされる鮫の神の名です。父親は「男が毎夜、海からやって来る」という少女の夢を信じなかったことを後悔しましたが、もう手遅れというもの。その後はもう、少女を責めることもありませんでした。

こうしてせっかく生まれた赤ん坊ですが、人間の家で鮫を育てることはできません。少女は赤ん坊を緑色のパカイエアという海藻で大切にくるみ、近くの浜へと出かけました。海に優しく放たれた赤ん坊はスイスイと元気に泳ぎ出し、海中へと消えていったのでした。

とはいえ、その後も少女と赤ん坊の絆が途切れることはありませんでした。少女やその家族が海を訪れると、小さな鮫がすぐに姿を現したからです。ほかの鮫とは異なり、少女の産んだ鮫には常に緑色の海藻が巻きついていたので、ひと目でわかります。いつしか小さな鮫は少女の一族のアウマクアとなり、崇拝されるようになりました。

それ以来、少女の一族が鮫を殺したり鮫の肉を食べたりすることもなければ、海藻のパカイエアを口にすることも一切なくなりました。もしこの二つを一族の人間が食べるとお腹と口が腫れ、たいへんなことになった(2)からです。

一方、鮫の子供も人を襲うことは決してなかったので、鮫の子供は少女の家族だけでなく、近隣の人々のお気に入りともなったということです。


それから長い年月が経ったある日のこと。少女の子孫にあたるカヒキナという若者がカヌー上で釣りをしている最中、2匹の人食い鮫に襲われるという出来事がありました。

「助けてくれ！　助けて！」

海に投げ出されたカヒキナが悲鳴をあげると、そこに猛スピードで現れた鮫がいました。

それは緑の海藻をまとった、小さな鮫でした。鮫はすぐに大暴れして2匹の人食い鮫を追い払うと、カヒキナのカヌーの下に潜り、カヌーをぐんぐん引っぱりながらカヒキナを浜まで送り届けてくれたのです。

カヒキナは命を救ってくれた鮫に感謝し、翌日、アヴァ酒を持って海を再訪しました。そんなことが続くうち、いつしか鮫とカヒキナは、一緒に漁に出るほど仲良くなりました。カヒキナが釣りに行くと鮫は魚の群れをカヒキナの方角に追いやり、カヒキナもまた、獲った魚の半分を鮫に捧げるという友好関係が続いたのです。

以来、カヒキナの子供もそのまた子供も、緑の海藻をまとった鮫を崇めながら、海の近くで幸せに暮らしたということです。

（1）ハワイ語辞典などの著作で知られるハワイ文化の権威、故メリー・カヴェナ・プクイの一族には、50種ものアウマクアがいたとされています。

（2）鮫をアウマクアとして信仰する人々が鮫の肉を食べるなど、一族のアウマクアである動物を食べることはたいへんな侮辱にあたります。アウマクアを怒らせ、罰が当たると信じられていました。

後ろ向きに逃げた少年

鮫と並び、フクロウのアウマクアもまた、多数のハワイ神話に登場しています。次の物語は、子孫の呼びかけに応じてその危機に現れた、フクロウの話です。

遠い昔のある日のことです。カイリとナイリマという2人の兄妹が、海辺でのどかな1日を過ごしていました。兄は網を持って魚獲りに励み、妹は海に臨む高台で兄を待ちながら、のんびり日向ぼっこ。カイリはまだ少年でしたが腕のいい漁師であり、ナイリマはそんな兄を、とても誇りに思っていました。

2人はまったく気づいていなかったのですが、実はカイリの漁をしているその湾は、王族だけが入れる神聖な湾でした。そのためでしょう。間もなくカヌーに乗った男たちが湾に現れ、あっという間にカイリをカヌーで連れ去ってしまったのです。

その時、丘の上でおののきながら一連の出来事を目撃したナイリマは、カヌーに神官が乗っていることに気づきました。

「ということは、兄は何かタブー⑴を破ったということになる。いったい兄が何をしたというの!?」

さまざまな厳格な掟があった昔のハワイでは、タブーを破れば、神殿で死刑になることも多かったのです。

「このままでは兄が殺されてしまう！」

ナイリマは必死で高台を走り、カヌーの行方を追っていきました。やがてカヌーは小さな浜に着き、男たちがカイリを運んでいくのが見えます。その先には大きな神殿がありました。やはり、カイリは神殿で生贄にされようとしているのです。

途方に暮れたナイリマは震えながら膝まずき、祈り始めました。

「先祖神よ、アウマクアよ。どうか兄をお助けください！」

ナイリマが長い間、祈祷を続けていると、ふいに大きな羽ばたきの音が聞こえました。驚いて目をあげると、1羽の大きなフクロウがじっと自分を見つめているではありませんか。フクロウはナイリマの一族のアウマクアなのです。

「ナイリマよ、おまえの祈りは天に届いた。もう心配しなくてもよい」

子孫を助けるためにやって来たフクロウは、心の声を通じてナイリマにそう伝えると、空高く飛び立っていきました。

間もなくフクロウはカイリが運び込まれた神殿に降りたつと、床に転がされているカイリを発見しました。夜更けの神殿に人気はなく、フクロウは大きなくちばしでカイリの手を縛っている縄をほどいてやると、ようやくカイリは自由を取り戻すことができたのです。

「ああ、アウマクアよ、ありがとうございます！」

フクロウの前にひれ伏し、感謝を捧げたカイリはさっそく妹を置いてきた場所へと戻ろうとするのですが、なぜかフクロウはカイリを引きとめようとします。強力な翼でカイリを何度も何度も叩き、まるで何かを伝えようとしているかのようです。

その時、ようやくカイリは悟ったのです。なんとフクロウはカイリに、後ろ向きに歩くよう促しているのでした。

そこで、わけがわからないながらも後ろ向きに歩き始めたカイリ。その歩みはひどくゆっくりでしたが、無事に妹の待つ高台に帰り着くことができました。ナイリマとカイリが、泣きながら再会を喜んだのは言うまでもありません。

と、その時のことです。2人のすぐそばから、何者かの足音が近づいてきました。追っ手が迫ってきたに違いありません！　案の定、大急ぎでカイリが大きな岩の下に隠れたとたん、ナイリマの目前に2人の戦士が現れました。

「近くで若い男を見なかったか？」

ナイリマはしらを切りましたが、岩に腰かけているナイリマの周辺を探り始めた戦士は、すぐにカイリの足跡を見つけました。

「ここに男の足跡があるぞ！　男はあっちに逃げていったらしい」

そう叫ぶと、そのままカイリが後ろ向きで歩いて来た道をたどりながら、走り去っていきました。足跡が神殿に続いているとも知らずに……。

こうして、アウマクアであるフクロウの機転によって、まんまと追跡をかわすことができたカイリ。妹と2人、無事に家に帰り着き、二度と王族の所有するタブーの湾に近づくことはありませんでした。アウマクアに毎日、感謝の祈りを捧げながら、平和な生活を送ったということです。

（1）タブーは、規律や掟を意味するポリネシア語源の言葉です。ポリネシア各島でタブ、タプなどと発音され、Tを使わなかった古代ハワイではカプ（Kapu）と発音されました。現代ハワイではカプは単純に「立ち入り禁止」「接触禁止」などを意味し、聖地や史跡などにKapuとの看板が掲げられていることがあります。

虹のプリンセス、カハラオプナ

ワイキキの後方に位置するマノア渓谷は、1日に何度も虹が出るため、虹のメッカとして知られます。渓谷には昔、虹のプリンセスが住んでいたとか。その有名な物語のなかでもまた、プリンセスのアウマクアであるフクロウが大活躍しています。

昔々の大昔。マノア渓谷を吹く風を父に、渓谷に降る雨を母として生まれた虹のプリンセスが、緑濃いマノア渓谷に住んでいました。プリンセスの名前はカハラオプナ。当代随一の美しさを誇り、その美は、幼少時代からハワイ中にとどろくほどでした。

カハラオプナの住まいは渓谷の森の奥にあり、柵で囲まれ、外部の人間が近づくことはできません。しかもその家は、虹のプリンセスが放つ光で内部からきらきら輝いていました。

カハラオプナはこうして大切に大切に育てられ、世にも美しい女性に成長したのです。

カハラオプナは当時の習慣に基づき、幼い頃からワイキキの酋長の息子(1)、カウヒと婚約していました。カウヒの両親は神の血を引く息子の許嫁をそれは自慢に思い、タロイ

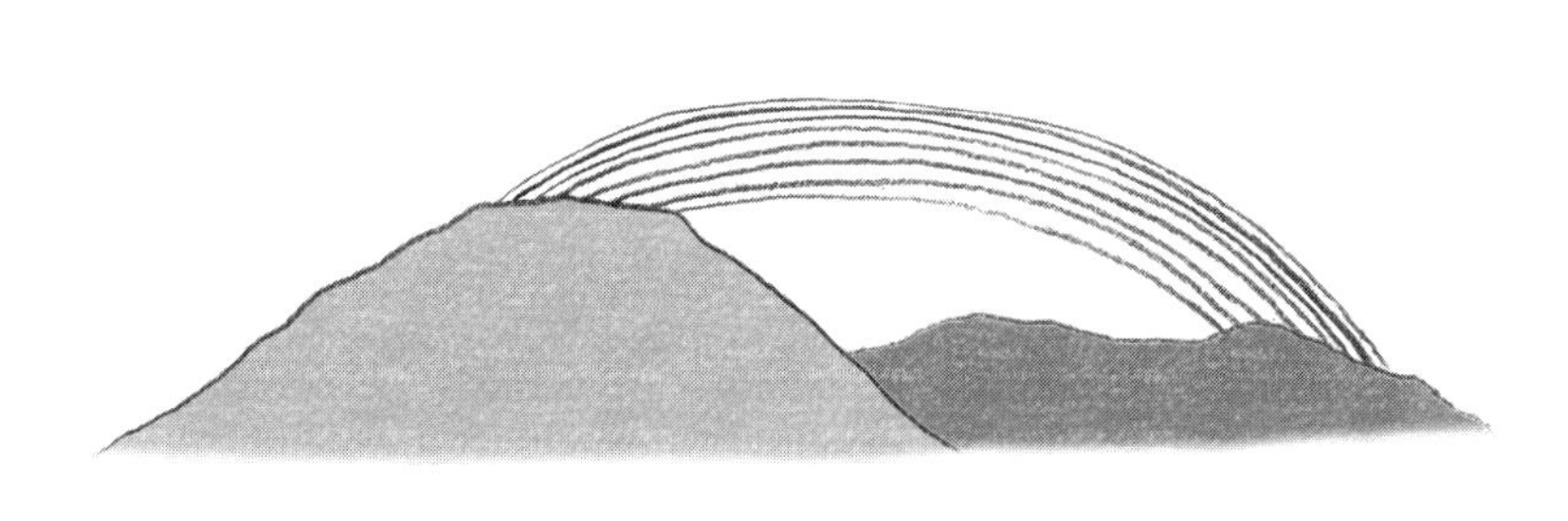

モや魚を送り続けたので、カハラオプナは幼い時分から、カウヒ一家の保護下にあるようなものでした。

ところがカウヒという男は、とんでもないやきもち焼きだったのです。カハラオプナとの結婚を前に疑心暗鬼になり、幸福を感じるどころか、心は常に不安でいっぱい。ある日、カハラオプナに横恋慕した２人の男が「カハラオプナは俺のもの」と嘘を言いふらしたのを真に受け、激高し、カハラオプナを打ち殺してしまいました。

「私はそんな男たちは知りません。会ったこともありません。どうぞ信じてください」

カハラオプナは必死に自分の無実を主張しましたが、嫉妬に燃えていたカウヒは、聞く耳を持ちませんでした。そのままカハラオプナの亡骸を渓谷の道端に埋め、何食わぬ顔でワイキキに帰っていきました。

その様子を空高くから見ていたのが、カハラオプナのアウマクアであるフクロウでした。フクロウは急降下し、地中に埋められたカハラオプナを急いで掘り起こすと、呪文を唱えてカハラオプナを蘇生。カハラオプナは無事、息を吹き返し、輝く美しさを取り戻すことができたのでした。

ところが、まだ遠くまで行ってなかったカウヒが、喜びに満ちたカハラオプナの声を聞いて戻ってきたのです！　生き返ったカハラオプナを見たカウヒは、自分の目が信じられませんでした。

「いったい、どうやって蘇った？」

その時、2人の真上を旋回するフクロウを見つけて、ことの次第を悟ったカウヒ。

「今度こそ、息の根を止めてやる！」

今度はカハラオプナをマノア渓谷から隣のヌウアヌ渓谷まで連れていき、固く大きな実をつけるハラの枝でカハラオプナをひと打ち。遺体をまた地中に埋め、その上にシダをかぶせてワイキキへと帰っていきました。

しかしアウマクアであるフクロウは、その様子をまたもしっかり見ていたのです。カウヒが立ち去ると同時に舞い降り、カハラオプナを掘り起こして蘇生に成功。そんなことが四度続くうち、カウヒは後悔の念を抱くかわりに、ますます残忍になっていきました。

「今度こそ、カハラオプナが蘇れないようにしてやる！」

邪悪な心に満ち、またもやカハラオプナをおびき出したカウヒは、次はマノア渓谷からヌウアヌ渓谷を抜け、そのまた隣のカリヒ渓谷へとカハラプナを連れていきました。そして人目の届かない場所に行きつくと、またカハラオプナを打ち殺してしまったのです。

もちろんフクロウは今度もカハラオプナを助けに舞い降りたのですが、たちまち悲しそうな顔で天を仰ぎました。

「かわいそうなカハラオプナ。今度ばかりは私もお手上げだ」

カハラオプナの身体は、大きなコアの木の根元に埋められていました。地中深く、それも入りくんだ木の根の下に埋められていたので、フクロウはカハラオプナを掘り起こすことができなかったのです。首を振りつつ嘆くことしかできませんでした。

……ところが実はその頃、すでにカハラオプナの魂は身体を抜け出し、「誰かが私の身体を見つけてくれるかもしれない」と、ふらふら森をさ迷っていました。

その時、運のよいことに親切な若い酋長の一行が森を通りかかったのです。酋長はマハナといいました。カハラオプナの魂はちらちらとマハナの周りを飛びまわり、なんとかマハナの注意を引くことに成功します。

「不思議なスピリットよ、おまえはどこに私を連れていこうというんだい？」

訝しがるマハナを、自分の身体が埋まっている場所まで連れてきたカハラオプナ。

「ここに私は眠っています」

そう囁くカハラオプナの声を聞き、マハナがコアの木の根元を掘ってみると、世にも美しいプリンセスが埋まっているではありませんか！　マハナはまだ温かいその身体を掘り起し、マノア渓谷に近いモイリイリの自宅に連れて帰ることにしました。

実はこのマハナの兄は、神官でした。昔のハワイでは神やアウマクアに限らず、神官もまた死者を蘇生する術を心得ていました。

ですがこの時ばかりは、兄も、地中に埋まっていたカハラオプナを蘇生することができませんでした。

「妹たちよ、どうか力を貸しておくれ」

そこで兄が今はスピリットとなって家族を守っている2人の妹を呼び出すと、現れた妹たちは手際よくカハラオプナの身体をさすり、命を再び吹き込むことに成功したのです。

カハラオプナはその後、優しいマハナの介護を受けて日に日に力をつけていきました。やがて一人で歩き回れるようになり、マハナと海に出かけたりと、マノアの森の静かな生活とはまったく違う新しい生活を享受するようになりました。

そんな幸福な日々のなかで、マハナが心密かに決めたことがあります。それは美しい虹のプリンセスを、妻として迎えようということでした。ついにマハナはカハラオプナに求婚しますが、カハラオプナは悲しそうに目を伏せるばかり。

「優しいマハナ、ほかの誰かをあなた以上に愛することは、一生ないでしょう。でも私は子供の頃から、カウヒという男と婚約しています。何があっても、その誓いは守らなければならないのです」

カウヒに何度、殺害されようとも、カハラオプナは生涯の誓いを破ることは許されないと告げるのでした。

カハラオプナの言葉を聞き、この世にカウヒがいる限り、カハラオプナがその誓いを破ることはないと悟ったマハナは、カウヒと果たし合いをすることを決意します。

「カハラオプナと自分が一緒にいることを匂わせれば、カウヒは激高してカハラオプナを殺した事実を口にするだろう。その時、自分はカウヒに果し合いを申し込み、危険な男をこの世から葬るのだ」

チャンスは、思いのほかすぐやって来ました。ある社交の場でカウヒに出会い、カハラオプナが自分の家にいることを伝えたマハナ。思った通りカウヒは激高し、大勢の前で言い放ったのです。

「おまえと一緒に暮らす女はカハラオプナではない。あの女は死んでいる。俺がこの手で葬ったのだ、その女は死霊に違いない。それが本当に生身のカハラオプナだと証明されたら、俺の命をくれてやろう。ただしそれが本物のカハラオプナでないとわかった時は、おまえが死なねばならないぞ」

かくして2人は、果し合いではなく、カハラオプナの生存を確かめ合う裁判に命をかけることになったのです。裁判はワイキキの海辺で、島の酋長をはじめ主だった王族が総出で開かれることになりました。

その裁判の直前、カウヒに悪知恵を授けたのがカウヒ付きの神官でした。

「カハラオプナの一行が座るあたりに、大きなタロイモの葉を敷いておきなさい。人間が歩いたり座ったりすれば、必ず葉がちぎれます。スピリットなら、葉はきれいなままでしょう。カハラオプナが生身の人間ではないことが、簡単に証明できるはずです」

そんなわけでカハラオプナの一行が入ってくると、人々は息を呑んでその足元を見つめました。衆人環視のなか、いよいよカハラオプナがタロイモの葉に足をかけると……。カハラオプナが歩くたびにざっ！　ざっ！　と大きな音が立ち、タロイモの葉がざくざくとちぎれていくではありませんか。

「タロイモの葉を見ろ。あれは本物のカハラオプナだ」

人々は囁き合い、島の酋長もそれを認めました。カハラオプナの復活が、公に証明されたのです。

次いでカハラオプナの証言によって、カウヒの残忍な仕打ちも暴かれることになりました。美しい虹のプリンセスの受難を知った酋長はただちにカウヒに死罪を命じ、カハラオプナは、晴れて愛しいマハナの妻になった(2)のでした。

一方、残忍なカウヒは死後も神に罰せられ、マノア渓谷の一角をなす丘に変えられてしまいました。今頃は自分の残酷な行いを、涙を流しながら悔やんでいるに違いありません。

(1) 書籍によっては、カウヒをカイルアの酋長としています。ハワイ王国7代目君主、カラカウアの記した「ハワイの伝説と神話」がその一つです。

(2) カラカウア王の「ハワイの伝説と神話」ではこの物語に続きがあり、カハラオプナの幸せは2年後に唐突に終わります。鮫の血を引くカウヒは海で鮫に変化（へんげ）し、ワイキキの海でカハラオプナを襲撃。今度こそ、カハラオプナを永遠に葬ったとしています。

パンチボウルの丘の上で踊るアウマクア

動物の姿を借りてこの世に現れる先祖神だけが、アウマクアではありません。人間の姿のままの先祖神も、やはりアウマクアと呼ばれます。オアフ島パンチボウルの丘には、そんなアウマクアにちなんだ神話が伝わっています。

その昔、ホノルルにカケイという若い酋長がいました。

カケイの下にはやはり若くて勇猛な戦士がたくさんおり、日頃から格闘技の鍛錬も怠りません。ある日カケイは、そんな血気盛んな戦士たちを集めて申しわたしました。

「近いうちに遠征することになる。もしかしたら戦いになるかもしれないぞ。準備のために家に戻り、次の命令まで待機するように」

その頃にはどんどん新しいカヌーが造られていたので、戦士たちはそれが同じオアフ島の村での戦闘ではなく、海を越えての遠征になることをすぐに理解しました。

はたして、それは隣のカウアイ島への遠征でした。ある日、戦士たちはホノルルの港に集められ、何艘もの大型カヌーに分乗。カヌー軍団は北西に進み、星のない夜、カウアイ島ワイメアへと到着しました。目指すのは、浜の近くの小さな村でした。

村人たちはオアフ島の軍勢が近づいていることも露知らず、その夜も平和な眠りをむさぼっていました。そして村の男たちはろくに戦うこと機会もないまま命を落とし、女や子供は捕虜になったのです。

しかも酋長のカケイは、部下に命じてカパや羽毛のマント(1)など、金目のものをすべて集めさせるのを忘れませんでした。

「目ぼしいものは小屋から取り出したか。ではそろそろ島を出るとしよう。その前に、小屋に火をつけるのを忘れるな」

戦勝に沸くカケイや戦士らとは対照的に、捕虜となったカウアイ島の女や子供の哀しみはたいへんなものでした。

「父も夫も殺されてしまった。私たちはこれからどうなるのだろう」

しかも故郷の村は灰と帰してしまったのです。捕虜たちが泣き崩れるのも無理のない話だったでしょう。

一方、カケイの戦士たちはホノルルの港に帰着すると、山のような戦利品と捕虜を手土産に、意気揚々と村へと帰っていきました。

ホノルル港の山側にはパンチボウルの丘がそびえ、その麓にカケイの陣地があります。パンチボウルの裾野で戦勝祝いの宴が開かれ、たくさんの魚や豚、タロイモを蒸して練ったポイ、アヴァ酒が振る舞われて、カケイと戦士たちの笑い声が1日中、山にこだましていました。

その宴を遠巻きにしながら、カウアイ島から連れてこられた捕虜はただ恐ろしさに震え、泣き続けることしかできませんでした。

その時のことです。急に大地が大揺れし、崖の斜面が崩れ落ち始めたのです。

「地震だ！」

戦士たちは悲鳴をあげながら逃げまどい、逃げ遅れてそのまま土砂の下敷きになる者も出る始末でした。次いで、パンチボウルの山が大噴火。勢いよく溶岩が流れ始め、ついさっきまで戦士たちが座っていた敷物がメラメラと燃えあがるありさまでした。

しかも恐怖に駆られたカケイが山頂を見上げると、そこにはさらに恐ろしい光景が繰り広げられていました。噴煙があがるパンチボウルの山の上に、たくさんのスピリットが漂っていたのです。

スピリットたちはゆらゆらと静かに、まるで風に揺れるかのように前後、左右に動き続けていました。まるで、荘厳で美しい舞踊を舞っているかのように……。スピリットたちは、カウアイ島の捕虜たちのアウマクアでした。連れ去られた女性や子供を守るため、そしてカウアイ島の村を滅茶苦茶にした戦士らに罰を与えるため、ホノルルまで追いかけて来たのです。

「神よ、赦したまえ！」

スピリットたちの出現にカケイは慌ててふためき、捕虜全員と戦利品をカウアイ島に戻すことにしました。

「すぐカヌーでカウアイ島に送り届けます、どうぞお赦しください！」

同時にカケイの神官がパンチボウルの麓に供物を供え、祈祷をあげ始めました。その効果があったのでしょう。捕虜たちを乗せたカヌーが水平線の彼方に消える頃、ようやくパンチボウルの噴火が止んだのでした。

この出来事以来、パンチボウルが噴火することは二度とありませんでした。

その後、カケイがカウアイ島に攻め入ることも、ついぞなかったということです。

（1）古代ハワイではたいへんな手間をかけて手に入れる美しい小鳥の羽が珍重され、そのマントやレイは、王族だけが身につけられる高位の象徴のようなものでした。ホノルルのビショップ博物館には、数世代をかけて集められた45万枚の羽で作られたカメハメハ大王のマントなどが飾られています。

【コラム】

現代に伝わるアウマクア伝説

家族の絆が強いハワイ。そのためアウマクアへの信頼もそれは篤く、昔のハワイで人々が困った時にまず頼るのが、アウマクアでした。

古くからアウマクアに助けられた人の例は多数報告されており、たとえば1906年、ハワイ語新聞「カ・ヌペパ・クオコア」には、カヌーが転覆して海に投げ出された一家を、アウマクアのフクロウと鮫が陸地に導いた話が紹介されています。フクロウは陸の方向を教え、子供たちは鮫の背びれに捕まって泳いだそうです。

ほかにも、やはりカヌーが沈没して夜間の海を泳ぎ、力尽きそうになった男をアウマクアのフクロウが翼で顔を叩き、陸地を示した話。また1930年代、モロカイ島沖で沈んだ船の船長がアウマクアに助けを求めた後、大きな鮫が現れ船長を背中に乗せ、陸まで届けてくれたという逸話も知られています。

カメハメハ大王のアウマクアの一つだったフクロウについても、大王の故郷であるハワイ島コハラにこんな話が残っています。ある時、敵の酋長とその神官が、カメハメハ大王を毒殺しようと画策。毒を作ろうとするのですが、完成するたびにどこからともなくフクロウが現れ、毒の入った器をひっくり返してしまいます。それが何度も続くので、ついに敵の酋長は毒殺を諦めたということです。

余談ですが、Ｐ127のコラムで触れたディズニー映画「モアナと伝説の海」にも、アウマクアが登場しています。モアナの祖母にはエイの大きなタトゥーがあり、それは一族のアウマクアがエイであることを示唆するものでした。祖母の死後、夜の海でエイがモアナの前に姿を現すシーンは、祖母がアウマクアとして復活したことを示す、とても感動的なシーンでした。

あとがき

本書は私にとって、「ミステリアスハワイ」（ソニー・マガジンズ刊）、「ハワイの不思議なお話」（文踊社刊）に続く3冊目の著書となります。

前著2冊ともにハワイ文化に基づく逸話を集めたもので、神話にちなんだ話もたくさん紹介しているのですが、後に友人から寄せられた声の一つが「ハワイの神話をもっと読みたい。古事記のハワイ版のような本があったら……」というものでした。

その声を受け、私なりにアイデアを吟味して誕生したのが本書です。学術的な本ではなく、物語として読めるハワイ神話の入門書を目指し、毎日楽しく書かせていただきました。

毎日楽しく……ではあったのですが、時には執筆に行き詰まる瞬間があったのも確かです。そんな時、一歩外に出れば爽やかなハワイの風が吹き、同時に、神話世界にどっぷり浸かれる環境にあったことも、本書の執筆をずいぶん助けてくれました。

たとえばホノルルのわが家からは、ダイヤモンドヘッドやホノルル港が見えます。朝には、港にかかる大きな虹が見えることもたびたびです。そういった風景を眺めるたび、私はいつも思い出すのです。ダイヤモンドヘッドの火口を掘ったという火山の女神ペレや、はかなく美しい虹のプリンセス、はたまたホノルル港に住む鮫の半神などを……。「ハワイを歩けば神話の舞台に当たる」とは私がよく言う冗談ですが、ハワイは本当に神話の宝庫です。街中で神々の気配を感じるこの地で本書を書けたのは幸せでした。

最後に、休日返上で本書の編集を担当してくださったフィルムアート社の山本純也さん、本書の実現に尽力してくださいました同社の津村エミさん、千葉英樹さん、素敵なイラストを描いてくださった竹永絵里さん、装丁デザインを担当してくださった清水佳子さん、ハワイ語表記について助言してくださった見上裕美子さんに、深く感謝を捧げます。

そして本書を最後まで読んでくださったみなさんにも、心からお礼を申しあげます。

MAHALO & ALOHA! また逢う日まで……。

2019年12月吉日　　森出じゅん

カラウパパ
モロカイ島
マウナロア
カウナカカイ
ラハイナ
ワイルク
カフルイ
ラナイ島
マウイ島
ハナ
レッドヒル
カホオラヴェ島
ウポル岬
ハヴィ
ホノカア
ワイメア
マウナケア山
ヒロ
カイルア
ハワイ島
クムカヒ岬
キャプテン・クック
マウナロア山
パオア
パハラ
カラエ

ワイアレアレ
カパア
リフエ
ニイハウ島
ケカハ
プウヴァイ
カウアイ島
ハレイヴァ
ライエ
ワイアルア
ワヒアワ
カネオヘ
オアフ島
パールシティ
カイルア

ハワイ諸島マップ

- Mary Kawena Pukui, E. W. Haertig, M.D., Catherine A. Lee *"Nana I Ke Kumu"*, Queen Liliuokalani Children's Center, 1983
- Mary Kawena Pukui, Samuel H. Elbert *"Hawaiian Dictionary"*, University of Hawaii Press, 1986
- Mary Kawena Pukui, Laura C. S. Greem *"Folktales of Hawaii"*, Bishop Museum Press, 1995
- Mary Kawena Pukui, Caroline Curtis *"Water of Kane and Other Legends of the Hawaiian Islands"*, Kamehameha Schools Press, 1994
- Mary Kawena Pukui, Caroline Curtis *"Tales of the Menehune"*, Kamehameha Schools Press, 1985
- Mary Kawena Pukui, Samuel Hoyt Elbert & Esther T. Mookini, *"Place Names of Hawaii"*, University of Hawaii Press, 1974
- Padraic Colum *"Legends of Hawaii"*, Yale University Press, 1973
- Samuel Kamakau *"The People of Old"*, Bishop Museum Press, 1992
- Thomas Thrum *"Hawaiian Folk Tales, a Collection of Native Legends and Traditions"*, A.C. McClurg & Co., 2014
- Thomas Thrum *"More Hawaiian Folk Tales, a Collection of Native Legends and Traditions"*, A.C. McClurg & Co., 1979
- Vivian L. Thompson *"Hawaiian Myths of Earth, Sea, and Sky"*, University of Hawaii Press, 1988
- William D. Westervelt *"Hawaiian Legends of Volcanoes"*, Tuttle Pub, 1991
- William D. Westervelt *"Legends of Old Honolulu"*, Mutual Publishing, 2003
- William D. Westervelt *"Hawaiian Legends of Ghosts and Ghost-Gods"*, Charles E. Tuttle Company, Inc., 1987

【参考文献】

・His Hawaiian Majesty King David Kalakaua, *“The Legends and Myths of Hawaii”*, Mutual Publishing, 2014

・Abraham Fornander *“Fornander Collection of Hawaiian Antiquities and Folk-Lore”*, Forgotten Books, 2016

・Caren Loebel- Fried *“Hawaiian Legends of the Guardian Sprits”*, University of Hawaii Press, 2012

・David Malo *“Hawaiian Antiquities”*, Bishop Museum Press, 1980

・E.S. Craighill Handy & Elizabeth Green Handy, Mary Kawena Pukui *“Native Planters in Old Hawaii”*, Bishop Museum Press, 2010

・Eliza D. Maquire *“Kona Legends”*, Petroglyph Press, 1999

・Elspeth P Sterling, Catherine C. Summers *“Sites of Oahu”*, Bishop Museum Press, 2001

・Frederick B. Wickman, *“Polihale and Other Kauai Legends”*, Bamboo Ridge Press, 1991

・Frederick B. Wickman, *“Kauai Ancient Place-Names and Their Stories”*, University of Hawaii Press, 1998

・Frederick B. Wickman *“More Kauai Tales”*, Bamboo Ridge Press, 1997

・Frederick B. Wickman *“Pele Ma”*, Bamboo Ridge Press, 2001

・Frederick B. Wickman *“Touring the Legends of the North Shore”*, Kauai Historic Society, 2006

・Herb Kawainui Kane *“Pele, Goddess of Hawaii's Volcanoes”*, The Kawainui Press, 1987

・Lilikala K. Kameeleihiwa *“A Legend of Tradition of Kamapuaa”*, Bishop Museum Press, 2003

・Lois Lucas *“Plants of Old Hawaii”*, The Bess Press, 1982

・Martha Beckwith *“The Kumulipo”*, University of Hawaii Press, 1972

・Martha Beckwith *“Hawaiian Mythology”*, University of Hawaii Press, 1982

森出じゅん　JUN MORIDE

オアフ島ホノルル在住。横浜生まれ。青山学院大学法学部卒業後、新聞・雑誌・広告のライターとして活動。1990年、ハワイ移住。2012年から、ハワイ州観光局の文化啓蒙プログラム「アロハプログラム」講師も務める。著書に「ミステリアスハワイ」(ソニー・マガジンズ刊)、「ハワイの不思議なお話」(文踊社刊)がある。

やさしくひも解く ハワイ神話

2020年2月25日　初版発行
2023年9月30日　第4刷

著　　者　森出じゅん

イラスト　竹永絵里
ブックデザイン　清水佳子(smz')
D T P　鈴木ゆか
編　　集　山本純也(フィルムアート社)
企画協力　特定非営利活動法人 企画のたまご屋さん
発 行 者　上原哲郎

発 行 所　株式会社フィルムアート社
〒150-0022
東京都渋谷区恵比寿南1-20-6 第21荒井ビル
tel 03-5725-2001　fax 03-5725-2626
http://www.filmart.co.jp/

印刷・製本　シナノ印刷株式会社

ISBN 978-4-8459-1900-0　C0039